미지의 우주를 탐험하듯
머신러닝의 세계로

KB174573

01. 시작하기

손톱을 깨물었을 때 저에게 알려주는 환경을
머신러닝으로 만들 수 있을까요?

02. 앱 만들기

티처블 머신과 머신러닝머신을 이용해
손톱을 깨물고 있는지 알려주는
애플리케이션을 만들어 봅니다.

03~04. 기획하기, 통계 배우기

일기예보에 따른 레모네이드의 판매량을
예측해 봅니다.

05~06. 지도학습, 비지도학습

내가 가진 문제를 해결하려면
어떤 방법이 필요한지
조금 더 자세히 살펴봅니다.

07. 마무리

벌써 머신러닝 엔지니어가 된 것 같나요?
된 것 같은 것이 아니라 된 것입니다.

머신러닝이란
이름의 행성들을
하나씩 탐험해 보세요.

03
기획하기

04
통계 배우기

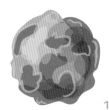

목차

05
지도학습

06
비지도학습

07
마무리

머신러닝의
세계를 탐험하는
여러분을 응원합니다.

책 사용 설명서

본문 내용을 시작하기에 앞서 이 책의 도서 홈페이지 및 동영상 수업에 대해 알아보겠습니다.

도서 홈페이지

이 책의 홈페이지 URL은 다음과 같습니다.

책 홈페이지

https://wikibook.co.kr/ml/

이 책을 읽는 과정에서 내용상 궁금한 점이나 잘못된 내용, 오탈자가 있다면 홈페이지 우측의 [도서 관련 문의]를 통해 문의해 주시면 빠른 시간 내에 안내해 드리겠습니다.

동영상 수업

생활코딩은 일반인에게 프로그래밍을 알려주는 것을 목적으로 하는 교육 활동으로, 이 책은 생활코딩에서 제공하는 수업 가운데 머신러닝 수업을 정리한 책입니다. 동영상 수업을 함께 살펴보면 도움될 것입니다.

생활코딩 머신러닝 수업

https://opentutorials.org/course/4548

책에서는 각 장별로 관련 유튜브 수업으로 연결되는 QR 코드와 URL을 제공합니다. QR 코드를 스캔하거나 웹 브라우저에서 URL을 입력해 강의 영상을 곧바로 확인하실 수 있습니다.

여행을 떠나기 전
알아둬야 할 것들이 있습니다.
다음 사항은 꼭 읽고 넘어가세요!

동영상 강좌 주소   동영상 강좌로 이동하는 QR 코드

동영상 강좌로 연결되는 URL과 QR 코드

이 책에서 사용한 프로그램

이 책의 5장, 7장에서는 구글 크롬 브라우저를 이용해 실습을 진행했습니다.
특별히 선호하는 브라우저가 없다면 구글 크롬 브라우저를 이용해주세요.

구글 크롬 내려받기

https://www.google.co.kr/chrome/

01

시작하기

인공지능을 구현하는 기술인 머신러닝이라는 거대한 세계에 대한 탐험을 시작합니다. 제 오랜 습관인 손톱 물어뜯기를 머신러닝으로 해결해 보려고 합니다. 손톱을 깨물었을 때 저에게 알려주는 환경을 머신러닝으로 만들 수 없을까요?

지금부터 우리는 인공지능을 구현하는 기술인 머신러닝이라는 거대한 세계에 대한 탐험을 시작할 것입니다.

머신러닝(Machine Learning), 한국어로는 기계학습이라고 부르는 이 기술은 기계를 학습시켜 인간의 판단을 위임하려고 만든 기술입니다. 전염병에 걸렸는지를 판단해주는 양성 판정, 자동으로 언어를 번역해주는 기계 번역, 스스로 움직이는 자율주행과 같은 수많은 작업이 머신러닝이라고 불리는 이 기술을 이용해서 구현되고 있고, 구현되려 하고 있습니다.

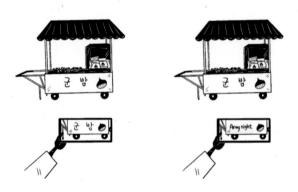

'군밤'이라는 글자를 인식해 자동으로 언어를 번역할 수 있습니다.

이 탐험을 제대로 즐기는 데 필요한 준비물은 바로 '상상력'입니다. 지금부터 여러분은 자신을 관객이 아니라 주인공으로 생각해주셔야 합니다. 또, 해결해야 할 문제가 하나도 없는 학생이 아니라, 해결해야 할 문제 때문에 심각하게 절망하고 있는 엔지니어라고 상상해주셔야 합니다.

해결해야 할 문제가 많으면 그만큼 고민이 많아집니다.

지금 우리의 상상력을 이 가상의 절망감을 만드는 데 사용해야 하는 이유는 '공부'와 '문제'의 미묘한 관계 때문입니다. 공부에 대해서 생각해 볼까요? 공부는 왜 필요하죠? 문제를 해결하기 위해서입니다. 여러분이 해결하고자 하는 문제가 크고 절망적인 나의 일이라면 공부는 문제로부터 우리를 구원해주는 구원자가 될 것입니다. 반대로 해결하고자 하는 문제가 작고 사소한 남의 문제라면 공부 자체가 문제를 더욱 키워서 우리를 억압하는 독재자가 될 것입니다.

공부는 우리의 구원자가 되거나

우리를 가두는 독재자가 될 수도 있습니다.

공부가 구원자가 되느냐, 독재자가 되느냐는 공부와 문제의 상대적인 크기에 달려 있습니다. 문제의 크기가 클수록, 공부의 양이 적을수록 좋습니다. 안타깝게도 이러한 상황은 현실에서는 잘 발생하지 않아요. 문제보다 공부가 훨씬 쉬운 이 절묘한 비율이 기적적으로 맞아떨어지는 순간은 우리의 인생을 통틀어도 흔치 않습니다.

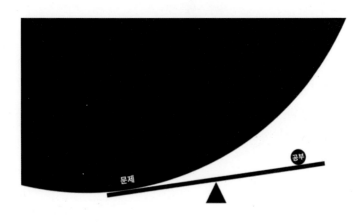
적은 노력으로 큰 문제를 해결할 수 있는 경우는 흔치 않습니다.

그래서 우리 수업에서는 끊임없이 여러분에게 문제를 절망적인 수준으로 과장할 것과 최소한의 공부를 요구할 것입니다. 이런 과정을 통해 공부의 효용을 우리 뇌에게 자주 증명해 보인다면 공부도 쇼핑이나 게임처럼 설레고 즐거운 것이 될 수 있습니다. 이런 상태에 도달할 때까지만 노력한다면 노력하지 않아도 노력하고 있는 자기 자신을 발견하게 될 것입니다.

마음을 열고 상상력과 현명함을 최대한으로 발휘해서 저희를 좀 도와주세요. 여러분과 이 수업이 얼마나 좋은 팀워크를 발휘하느냐에 이 수업의 성공과 실패가 달려 있습니다. 최고의 팀을 만들어봅시다. 자, 준비됐나요? 출발합시다.

최고의 팀을 만들어봅시다.

저에게는 무척 오래된 고민거리가 있습니다. 그것은 바로 무엇인가를 결정하는 것입니다. 무언가를 결정하는 것이 너무 힘들어요. 어떻게 하면 결정을 잘할 수 있을까요? 혹시 여러분들도 저처럼 결정이 어렵나요? 그럼 저와 함께 이 문제를 해결할 방법을 찾아봅시다.

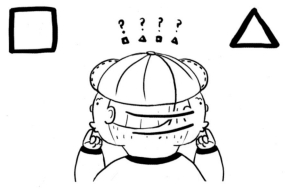

무언가를 결정하는 것은 너무 어렵습니다.

결정의 의미를 조금 더 깊이 살펴보면 결정이라는 것이 비교와 선택으로 이루어져 있다는 것을 알 수 있습니다. 무엇이 더 좋은지, 무엇이 더 나쁜지를 비교할 수 있다면 선택은 기계적인 일입니다. 더 좋은 것을 피하고 더 나쁜 것을 찾을 사람이 있을까요? 사례를 한번 생각해 봅시다.

여러분이 물건을 사려고 합니다. 똑같은 제품 A와 B가 있는데, A가 1,000원이고 B가 2,000원이라면 당연히 A를 선택할 겁니다. 다른 예로, 집으로 가는 경로 A가 1,000m고 B가 500m라면 당연히 B를 선택하겠죠. 이와 같이 크고 작음을 비교할 수 있다면 무엇을 선택할지는 자명합니다.

크고 작음을 비교할 수 있다면 무엇을 선택할지는 자명합니다.

문제는 비교가 쉽지 않을 때가 많다는 겁니다. A와 B의 대소관계를 모르거나 비교할 특징이 너무 많을 땐 결정을 내리기 어렵습니다.

핸드폰을 구매한다고 생각해볼까요? 제품 B가 A보다 가볍습니다. 이 것만 보면 당연히 B를 선택해야겠죠. 하지만 속도와 용량은 A가 더 우수하네요. 또 가격은 B가 훨씬 저렴합니다. 어때요? 선택하기 어렵죠? 그런데 제품의 특징이 4개가 아니라 20개, 제품의 수가 2개가 아니라 200종류라고 한다면 무엇을 구매하시겠습니까? 어렵죠.

제품의 특징

제품명	무게	속도	용량	가격
A	200g	2.7GHz	64GB	120만 원
B	190g	2.5GHz	32GB	80만 원

안타깝게도 현실은 이것보다도 훨씬, 훨씬, 훨씬, 훨씬, 훨씬 더 복잡한 선택지들로 가득 차 있습니다. 이렇게 복잡한 세상에서 결정에 어려움을 겪지 않는다면 그게 더 이상한 일이 아닐까요? 다행히도 결정에 애를 먹는 것은 저와 여러분만이 아닌가 봐요. 결정의 어려움을 토로하는 수많은 표현이 있는 것을 보면 말이죠.

복잡한 선택지가 있다면 결정에 어려움이 있습니다.

인류는 좋은 결정을 하기 위해 몸부림쳐왔습니다. 그 몸부림의 흔적을 조금 생각해봅시다. 우선, 수를 만들어서 대소관계를 표준화했습니다. 어떤 시대, 어떤 공간에 있든지 2는 1보다 큽니다. 숫자 덕분에 크기를 엄밀하게 인식할 수 있고 정밀하게 소통할 수 있게 된 것입니다. 비교를 하는 데 가장 중요한 도구인 수의 발명은 혁명적인 사건입니다.

수를 만들어서 대소관계를 표준화했습니다.

인류는 거기서 만족하지 않았어요. 이 복잡한 세상을 숫자로 표현하기 위한 여러 가지 방법을 찾아냅니다. 그리고 이 방법들을 모아서 '통계'라는 이름을 붙였습니다. 급기야 컴퓨터가 등장하면서 인류는 단순한 계산으로부터 해방됩니다. 그리고 더 인간적인 영역인 결정에 전념할 수 있게 돼요. 이런 과정을 통해 인류의 결정 능력은 비약적으로 향상됩니다. 이러한 노력이 없었다면 거대 국가와 초국적 기업[1]은 등장하지 못했을 것입니다.

하지만 인간의 욕심은 끝이 없죠. 인류는 인간 고유의 영역으로 남아있던 결정을 기계에 맡기고 싶어 합니다. 속담에 이런 말이 있잖아요.

---

1 세계 각지에 자회사·지사·합병회사·공장 등을 확보하고, 생산·판매활동을 국제적 규모로 수행하는 기업 (출처: 시사경제용어사전)

"하나를 가르치면 열을 안다."

이제 기계에게 결정을 맡기려 합니다.

공부를 하면 똑같은 문제뿐만 아니라 비슷한 문제도 해결할 수 있는 총명한 사람을 두고 하는 말입니다. 이러한 총기를 기계에 부여해서 스스로 결정하게 할 수 있다면 얼마나 좋을까, 하는 꿈을 가진 사람들이 만든 기술이 바로 기계학습, 영어로 머신러닝(Machine Learning)입니다.

망원경이 있다고 눈이 필요 없어지는 것은 아닙니다. 망원경은 더 멀리 볼 수 있게 해줍니다. 마찬가지로 포크레인이 있다고 손이 필요 없어지거나 자동차가 있다고 발이 쓸모없어지지 않듯이, 머신러닝 때문에 두뇌가 필요 없어지는 것은 결코 아닙니다.

머신러닝은 우리 두뇌가 가진 중요한 기능인 판단 능력을 확장해 우리 두뇌가 더욱 빠르고 정확하게 결정하도록 돕는 기가 막힌 도구입니다.

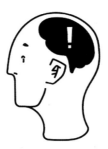

머신러닝은 더욱 빠르고 정확하게 결정하도록 도와줍니다.

우리는 누군가에게 평가를 받으려고 머신러닝 공부를 시작한 것이 아니라 자신의 문제를 머신러닝으로 해결해 보려고 합니다. 학교에서 가르쳐주는 대로 배우기만 하는 학생이 아니라 문제를 해결하려는 엔지니어가 되려는 것입니다. 달리 말해서, 소비자가 아닌 생산자가 되려는 것이라고도 할 수 있습니다. 이런 우리에게 가장 절실한 것은 무엇일까요? 바로 해결하고자 하는 '문제'입니다. 해결하고자 하는 문제가 없다면 지식은 목적 없는 수단에 불과합니다. 그런데 각자 중요하게 생각하는 문제는 모두 다를 것이고, 아직 해결하고자 하는 문제가 없을지도 모릅니다.

우리의 문제를 머신러닝으로 해결해 보려고 합니다.

그래서 이번 장에서는 문제를 빌려드리겠습니다. 지구상의 모든 사람이 빠짐없이 경험하는 오래된 문제가 있습니다. 바로 잘 고쳐지지 않는 '습관'입니다. 습관을 고치는 데 머신러닝을 이용해보면 어떨까요? 여러분이 해야 할 일은 단지 가상의 문제를 크고 심각하고 절망적인 것으로 과장하는 것입니다. 어려울 것이 하나도 없습니다.

여러분은 어떤 습관을 지니고 있나요? 저는 손톱을 깨무는 습관이 있습니다. 손톱깎이로 손톱을 깎아본 적이 없는 것 같아요. 제 안에는 손톱을 물어뜯어야 직성이 풀리는 '또 다른 나'가 있어서 제가 딴생각을 하고 있을 때면 이 친구가 몰래 나타나서 제 몸을 차지합니다. 그리고 저도 모르는 새에 제 손과 이를 조종해 손톱을 잘라내고 휙 사라져요. 그 과정이 어찌나 자연스러운지 손톱을 깨물고 있다는 사실조차 인식할 수가 없다고 말하는 이 순간에도 손톱을 깨물고 있네요. 어찌 보면 참 편리한 일이죠. 알아서 손톱을 깎아주니까요.

저는 손톱을 깨무는 습관이 있습니다.

하지만 계속 이런 습관을 지니고 있다면 손끝은 뭉툭해지고 위생에도 좋지 않겠죠. 무엇보다도 불편한 것은 손톱이 너무 짧아서 손톱을 이용해야 하는 도구를 사용하기가 어렵다는 겁니다. 저에게는 캔을 따고 테이프를 뜯어내는 것이 너무 어려운 일이거든요.

손톱을 깨무는 습관을 정말 바꾸고 싶습니다. 하지만 번번이 실패해왔어요. 이렇게 어려운 싸움을 이기려면 어떻게 해야 할까요? 전략을 한번 세워 봅시다.

우선 습관에 대해 생각해 볼까요? 아무리 발버둥을 쳐도 의지만으로는 습관을 이기기가 쉽지 않습니다. 하지만 제아무리 깊이 뿌리박힌 습관이라도 그 습관에 지속적인 영향을 주는 환경이 바뀌면 습관은 서서히 변합니다. 그런 환경을 바꾸는 것은 나의 의지고요. 이 관계를 정리해 보면 이렇지 않을까요?

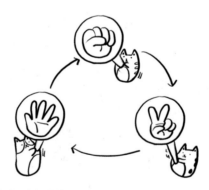

습관에 지속적인 영향을 주는 환경이 바뀌면 습관은 서서히 변합니다.

즉, 습관은 의지를 이깁니다. 의지는 환경을 이깁니다. 환경은 습관을 이깁니다. 의지만으로 습관을 바꾸겠다는 것은 무모한 일인 것 같아요. 그래서 의지로 환경을 조정해서 환경이 습관을 손봐주는 우회 전략을 구사해보면 좋지 않을까요?

이제 저는 제가 손톱을 깨물었을 때 저에게 그것을 알려줄 수 있는 새로운 환경을 만들고 싶다는 의지가 생겼습니다. 하지만 아무리 의지가 강해도 환경을 바꾸는 것은 쉬운 일이 아닙니다. 누군가는 내가 손톱을 깨물고 있는지를 계속 지켜봐야 하고요. 또 손톱을 깨물면 그것을 알려 주는 환경을 만들어야 하는데 쉽지 않겠죠. 이런 환경을 만드는 데 머신러닝을 이용할 수는 없을까요? 저는 손톱을 깨물었을 때 저에게 그것을 알려줄 수 있는 환경을 만들고 싶어졌습니다. 이런 환경에 지속해서 노출되면 서서히 습관을 고칠 수 있을 것 같습니다.

손톱을 깨물었을 때 저에게 알려주는 환경을 머신러닝으로 만들 수 없을까요?

'일'이라는 말은 두 가지 요소로 이루어져 있습니다. 하나는 '하고 싶은 것'입니다. 다른 말로는 '꿈'이라고 해요. 다른 하나는 그 '꿈을 이루어 낼 수 있는 능력'입니다. 꿈은 능력이 있어야 현실이 될 수 있고, 능력은 꿈이 없다면 현실에 존재할 이유가 없겠죠. 꿈과 능력은 영혼과 육체의 관계처럼 나눌 수 없습니다.

물론 우린 아직 습관을 고치는 앱을 만드는 능력이 없습니다. 우린 아직 엔지니어는 아니니까요. 하지만 이럴수록 능력이 있다고 간주하고 꿈을 먼저 꾸는 것이 중요합니다.

여러분이 꿈꾸는 것을 방해하지 않도록, 우리 수업에서는 다음 세 가지를 철저히 감추는 전략을 세웠습니다.

- 원리
- 수학
- 코딩

물론 머신러닝은 원리를 이용해서 수학과 코딩으로 만들어진 것입니다. 머신러닝으로 궁극의 목적을 달성하기 위해서는 수학과 코딩이 필요할 것입니다. 언젠가는. 하지만 그것이 처음부터 필요하지는 않습니다.

잠시 우리가 매일 사용하는 스마트폰에 비유해 볼까요? 스마트폰을 사용하기 위해서 스마트폰의 제조 방법을 꼭 알아야 할까요? 알면 좋겠죠. 하지만 그렇게 스마트폰의 사용법을 배우기는 쉽지 않은 일입니다. 원리를 파악하기 전에 우선은 사용자가 되는 것이 더 좋을 수도 있습니다. 언젠가 더 좋은 스마트폰을 만들고 싶다면 그때 제조 방법을 배워도 되지 않을까요?

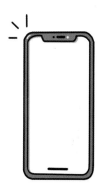

우선은 단순한 사용자가 돼서 사용법을 익히는 것이 효율적입니다.

우선 머신러닝의 사용자가 되어 봅시다. 사용자가 되어서 머신러닝으로 다양한 문제를 해결하다 보면 한계를 느끼게 되겠죠? 그 한계가 충분히 절망스러울 때 코딩과 수학을 공부하셔도 늦지 않습니다.

꿈만 꾸는 사람은 종종 몽상가로 치부되고는 해요. 하지만 과학 기술이 발전하면서 꿈을 실현하는 방법이 빨라지고 저렴해지고 간단해지고 있습니다. 꿈이 있는 사람이 몽상가가 아니라 혁명가가 될 수 있는 시대가 바야흐로 오고 있는 것입니다. 꿈을 꿉시다. 계획을 세워 봅시다.

마음의 소리 – 독백

휴일에 잠에서 깨어나 보니 이런저런 상념이 떠오릅니다. 이불 밖으로 나가기 싫어서 발가락을 꼼지락거리면서 '습관을 고치는 앱'을 구상해 봅니다. 이런 생각을 자주 하다 보면 어느 순간에 생산자가 되어 있을 겁니다.

손톱을 깨물고 있을 때 잔소리를 해줄 기계를 만들면 어떨까요?

'집에 안 쓰는 핸드폰이 있는데 그걸 활용하면 좋겠는데? 일단은 그걸로 나를 계속 촬영하는 거지. 내가 손톱을 깨물면 '손톱'이라고 소리 질러 주면 좋겠는데. 또는 화면에 글자가 표시되면 더 좋겠네.'

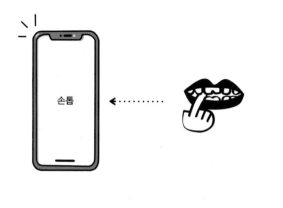

'이 앱을 만들려면 일단 카메라로 촬영된 영상을 보고 손톱을 깨물고 있는지 아닌지를 알려주는 기능이 필요한데, 여기에 머신러닝을 이용해보자. 우선 손톱을 깨물고 있는 사진과 깨물지 않고 있는 사진을 구분해서 컴퓨터를 학습시키는 거지. 이런 식으로 컴퓨터로 훈련하면 나중에는 보여준 적이 없는 사진을 봐도 손톱을 깨무는 사진인지 아닌지 **결정**해 줄 수 있을 거야.'

'이게 정말 쓸만하다면 앱스토어 같은 데 올려서 다른 사람에게 도움을 줄 수 있겠다. 손톱 때문에 고통받는 사람이 얼마나 많아. 못해도 전 세계 1천만 명은 되지 않을까? 손톱뿐만 아니라 나중에는 모든 습관 교정에 활용할 수 있는 앱을 만들 수도 있겠네. 나 이러다 부자 되는 거 아니야?'

공부도 하고 부자도 된다면 얼마나 신날까요!

신나지 않나요? 일단은 이 정도 궁리면 충분합니다. 우리 수업이 추구하는 궁극의 목적은 여러분이 머신러닝이라는 도구를 이용할 궁리를 시작하게 하는 것입니다.

무엇인가를 궁리하는 것이 과거에는 지금만큼 값지지 않았습니다. 궁리를 해봐야 실현하기 어려운 것이 많았거든요. 하지만 이제 우리는 자신의 궁리가 단지 몽상이 아니라 혁명이 될 수 있는 놀라운 시대에 살고 있습니다. 이런 시대에 궁리하지 않는다는 것이 얼마나 손해인가요.

물론 당장은 제 말이 믿기지 않으실 거예요. 그래서 지금부터 여러분을 설득해 보겠습니다.

02

앱 만들기

머신러닝을 이해하기 위해서 꼭 코딩과 수학을 알아야 하는 것은 아닙니다. 이번 장에서는 머신러닝에 대한 지식 없이도 머신러닝을 이용할 수 있는 도구인 티처블 머신과 머신러닝머신을 이용해 손톱을 깨물고 있는지 알려주는 애플리케이션을 만들어 봅니다.

머신러닝을 이해하기 위해서 꼭 코딩과 수학을 알아야 하는 것은 아닙니다. 수학과 코딩 없이도 머신러닝을 이용할 수 있게 해주는 서비스들이 생겨나고 있거든요. 미래에는 프로그래머가 아니라도 누구나 머신러닝을 이용해 자신의 문제를 해결하게 될 것입니다. 마치 컴퓨터가 처음 등장했을 때는 과학자들만 다루는 음흉한 비밀 무기처럼 인식되었지만 오늘날은 모든 사람이 전화기의 탈을 쓴 스마트폰과 씨름하면서 컴퓨팅을 하는 것처럼요. 머신러닝도 그렇게 될 것입니다.

수학과 코딩 없이도 머신러닝을 이용할 수 있게 해주는 서비스가 생겨나고 있습니다.

이런 가능성을 보여줄 수 있는 사례를 하나 준비했습니다. **티처블 머신(Teachable machine)**은 머신러닝에 대한 지식이 없어도 머신러닝을 이용할 수 있게 고안된 도구입니다. 검색창에 '티처블 머신'을 검색하거나 아래 주소를 직접 입력해 접속해보겠습니다. (최신 브라우저를 사용해주세요. 모바일 환경에서는 작동하지 않을 수 있습니다.)

- https://teachablemachine.withgoogle.com/

티처블 머신 시작하기

여러분은 이 수업의 주인공입니다. 먼저 관찰하고 조작해 보세요. 그 과정에서 스스로 알게 되는 것이 많을 것입니다. 이 책의 역할은 여러분을 돕는 것에 불과합니다. 이해가 되지 않는 것에 대해서만 최소한으로 알려 드리겠습니다.

인터넷의 수많은 서비스가 생겼다 사라지곤 하므로 미래에는 티처블 머신 서비스가 존재하지 않을 수도 있습니다. 걱정 마세요. 이 서비스 자체는 중요한 것이 아닙니다. 이 수업은 머신러닝의 본질을 이해하는 것이 목적이므로 혹시 이 서비스가 작동하지 않더라도 공부를 중단하지 마세요. 된다고 치면 됩니다.

시작하기 버튼을 클릭해 들어가면 아래와 같은 화면이 나옵니다. 화면에 나오는 '이미지', '오디오', '포즈'는 바로 티처블 머신 서비스를 이용해 컴퓨터에 학습시킬 수 있는 데이터의 형태를 말하는 것입니다.

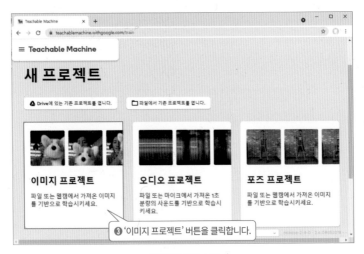

프로젝트 종류 선택

왠지 느낌이 좋습니다. 우리에게 필요한 기능이 이 안에 있을 것 같네요. 우리는 손톱을 깨물고 있는 모습을 학습시켜야 하므로 이미지를 컴퓨터에게 학습시키는 기능이 모여 있는 **이미지 프로젝트**를 클릭합니다. 다음과 같이 **새 이미지 프로젝트** 팝업 창이 나타나면 왼쪽의 **표준 이미지 모델**을 선택합니다.

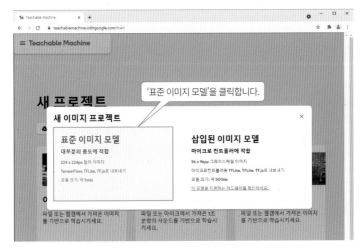

이미지 프로젝트 모델 선택

그러면 다음과 같은 화면이 나옵니다.

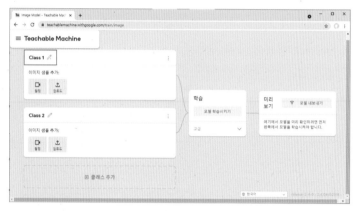

이미지 프로젝트

우선 **클래스(class)**라는 말의 의미부터 생각해 볼까요? 클래스는 교실이란 뜻도 있지만, 여기서는 '서로 연관된 사진들을 모아서 그룹화해 이름을 붙인 것'이라는 의미입니다. 그럼 이제 실습을 진행해 보겠습니다.

이 실습에는 웹캠이 필요합니다. 일반적으로 노트북 컴퓨터에는 화면 위쪽에 웹캠이 장착돼 있으며, 데스크톱 PC에는 USB 웹캠을 별도로 추가해야 합니다.

웹캠을 사용하기 곤란하다면 스마트폰이나 디지털 카메라로 촬영한 이미지를 업로드해 실습할 수 있습니다.

우선 **Class 1**이라고 적힌 부분에 '손톱'이라고 적습니다. 손톱이라는 이름의 클래스를 만든 것입니다. 다음으로 **웹캠** 버튼을 클릭합니다.

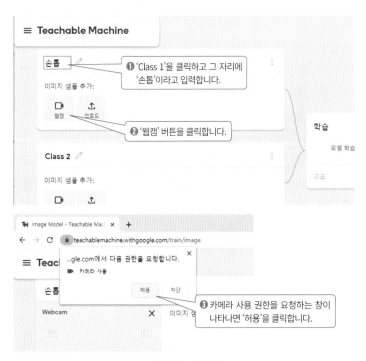

손톱 클래스 만들기

컴퓨터의 웹캠이 켜지면 **길게 눌러서 녹화하기** 버튼을 계속 클릭하면서 손톱을 깨무는 장면을 여러 장 촬영합니다.

손톱을 깨무는 장면을 촬영

사진이 많을수록 좋고, 부정확한 이미지가 없을수록 좋습니다.

손톱 클래스에 손톱을 깨무는 사진 추가하기

같은 방법으로 두 번째 클래스(Class 2)의 이름을 '정상'으로 바꾸고, 손톱을 깨물지 않는 사진을 촬영합니다.

정상 클래스에 손톱을 깨물지 않는 사진 추가하기

지금까지 컴퓨터에 '손톱'과 '정상'에 해당하는 사진을 학습시키기 위해서 자료를 모았습니다. 즉, 컴퓨터가 학습할 교재를 만든 것이라고 할 수 있습니다. 데이터를 충분히 입력했다면 이제 학습을 시켜봅시다. **모델 학습시키기** 버튼을 클릭해 주세요.

컴퓨터에게 실제로 학습을 시키는 단계입니다. 컴퓨터는 여러 사진을 보고, 어떤 사진이 '손톱' 클래스에 속한 사진이고 '정상' 클래스에 속한 사진인지를 열심히 학습하게 됩니다.

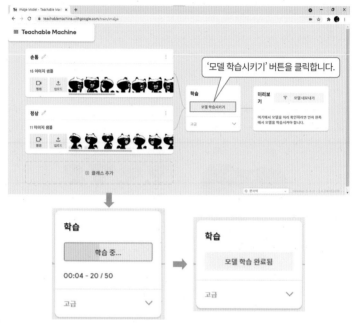

모델 학습

학습이 끝나면 **미리보기** 창에서 결과를 확인할 수 있습니다.

학습 결과를 확인

카메라를 보면서 손톱을 깨물어보면 '손톱'의 수치가 높아지고, 손톱을 깨물지 않으면 '정상' 쪽의 수치가 높아질 것입니다. 이 수치는 기계가 판단한 확률입니다. 신기하게도, 보여준 적이 없는 이미지를 만나도 그것이 손톱을 깨무는 모습인지 알아맞히는 것을 볼 수 있습니다.

이 단계에서 중요한 것은 기계가 학습을 제대로 했는지 평가하는 것입니다. 평가 결과 수치가 만족스럽지 않을 수 있습니다. 시험으로 치면 불합격한 셈입니다. 그럴 때는 이미지를 추가하거나 부정확한 이미지를 제거한 후에 다시 컴퓨터를 학습시킵니다. 예를 들어, 손톱을 깨물고 있지 않은 이미지가 손톱 클래스에 포함되어 있다면 부정확한 이미지라고 할 수 있습니다. 이것을 제거한 후에 다시 평가합니다.

이런 과정을 거치면 컴퓨터는 손톱과 정상을 점점 정교하게 구분할 수 있는 판단력을 갖게 될 것입니다. 사람이 경험과 공부를 통해 더욱 정교한 판단력을 갖게 되는 것과 비슷하죠?

사람이 학습하듯이 기계를 학습시켜서 정확한 판단력을 갖게 한다는 점에서 이런 기술을 기계학습, 영어로 'Machine Learning'이라고 부르는 것입니다. 우리는 손톱을 깨무는지를 구분할 수 있는 판단력을 기계로 구현한 것입니다.

놀랍게도 이 판단력은 파일로 만들어서 다운로드할 수 있습니다. **미리 보기** 창의 **모델 내보내기** 버튼을 누릅니다.

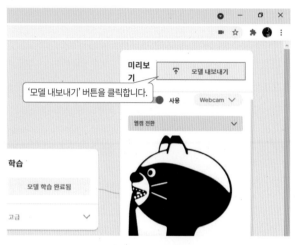

모델 내보내기 버튼을 클릭

그러면 다음과 같은 팝업 창이 나타납니다. **Tensorflow.js** 탭에서 다운로드를 선택하고 **모델 다운로드** 버튼을 누릅니다.

모델 다운로드

그러면 `tm-my-image-model.zip`과 같은 이름의 파일이 다운로드되는데, 이 파일에는 다음 세 개의 파일이 압축되어 있습니다.

- metadata.json

- model.json

- weights.bin

바로 이 세 개의 파일이 우리가 학습시킨 판단력입니다. 이 파일에 담겨 있는 판단력이 머신러닝의 핵심입니다. 이 파일만 있다면 이 세상의 모든 컴퓨터가 손톱과 정상을 구분하는 판단력을 갖게 됩니다. 뒤에서 이 파일을 이용해서 놀라운 앱을 만들어 볼 것입니다.

그런데 머신러닝에서는 판단력이라는 표현을 쓰지 않고 **모델(model)**이라는 용어를 사용합니다. '모델'이라는 말의 의미를 6장에서 알아보겠습니다.

06

모델

모델은 머신러닝을 이해하는 중요한 열쇠입니다. 머신러닝에서 이야기하는 모델의 의미를 이해했다면 머신러닝의 개념을 파악한 것이라고 할 수 있습니다. 오늘 하루는 모델이라는 말의 의미를 파악하는 것만으로도 충분합니다. 오늘은 딱 모델만 공부하시면 어떨까요?

모델이란 무엇일까요? 비유를 한번 들어보겠습니다.

아이들의 모델

아이들을 관찰해본 적이 있나요? 온종일 모든 것을 만져 보고 먹어봅니다. 예를 들어 아이들은 이렇게 생긴 것을 먹고 나면 '맛있다'고 느낍니다.

그리고 이렇게 생긴 것을 먹어보고는 '아, 이건 못 먹는 거네'라는 것을
알게 되는 것이죠.

이 과정에서 먹어도 되는 것과 먹으면 안 되는 것, 먹고 싶은 것과 먹
기 싫은 것을 알게 됩니다. 이런 과정을 통해 갖추게 된 판단 능력을
교훈이라고 부릅니다. 교훈 덕분에 경험해 보지 않아도 그 결과를 예

측 혹은 추측할 수 있습니다. 우리는 추측 덕분에 먹어보지 않아도 그것이 먹어도 되는지, 먹을 수 없는 것인지를 결정할 수 있습니다.

과학자의 모델

과학자는 현상을 관찰합니다. 그리고 그 현상을 설명할 수 있는 이유를 추측하는데, 이것을 '가설'이라고 하며, 그 가설을 검증하기 위해 여러 가지 실험을 합니다. 실험 결과가 도출된 후 가설에 모순이 없다면 이론으로 인정됩니다. 이론 덕분에 낙하하고 있는 물체가 10초 후에 어디에 있는지도 예측할 수 있습니다. 교훈과 이론은 판단력의 다른 이름이라고도 볼 수 있습니다. 좋은 판단력은 나의 삶과 인류의 진보에 필수적인 도구입니다.

좋은 판단력은 필수적인 도구입니다.

머신러닝이란 바로 이러한 판단력을 기계에게 부여하는 기술이라고 할 수 있습니다. 머신러닝을 만든 사람들은 이런 판단력을 **모델**이라고 부르기로 했습니다. 또, 이 모델을 만드는 과정을 **학습**이라고 부르기로 했습니다.

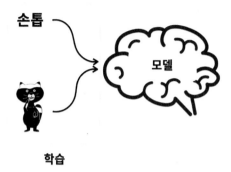

학습

모델을 만들기 위해 학습이 필요합니다.

모델을 잘 만들고 나면 '추측'을 잘 할 수 있게 됩니다. 학습이 잘 돼야 좋은 모델을 만들고 모델이 좋아야 더 나은 추측을 할 수 있습니다. 추측이 정확해야 좋은 결정을 내릴 수 있는 것은 말할 것도 없고요.

추측

모델을 잘 만들어야 정확히 추측할 수 있습니다.

모델의 의미를 알았다면 오늘 여러분은 빛나는 하루를 보낸 것입니다. 기분 좋죠? 기분 좋아하는 것도 실력입니다. 최대한 과장해서 기뻐해 주세요. 축하합니다. 박수!

머신러닝이 놀라운 기술이라는 것은 아시겠죠? 그런데 아무리 놀라운 기술이라도 그것을 이용하지 않으면 그냥 신기한 것에 불과하겠죠. 이제부터 우리는 학습자가 아니라 공학자가 되어볼 거예요. 신기한 것에 만족하지 말고 유용한 것에 도전해보자고요.

우선 머신러닝을 통해서 할 수 있는 수많은 '일' 중 하나를 해보겠습니다. 머신러닝으로 할 수 있는 사례를 체험해보고 나면 여러분도 머신러닝으로 할 수 있는 일들을 상상하기 시작하겠죠.

우리가 꿈꾸는 것을 먼저 생각해 봅시다. 손톱을 깨물면 화면에 '손톱'이라는 메시지가 표시되고 큰 소리로 외치는 앱을 만들고 싶습니다. 또 손톱을 깨물고 있지 않으면 칭찬하는 메시지가 화면에 표시되면 더 좋겠네요.

이런 앱을 만들려면 어떻게 해야 할까요? 여러분의 막막함을 덜어드리기 위해 '머신러닝머신'이라는 서비스를 만들었습니다. 인터넷 브라우저에서 아래 주소로 방문해보세요.

  https://ml-app.yah.ac/

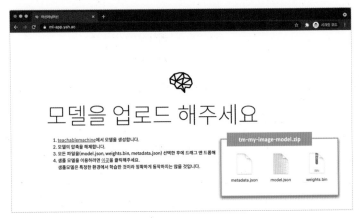

'머신러닝머신' 서비스

이 서비스는 5장에서 살펴본 티처블 머신에서 생성한 모델을 이용해
애플리케이션을 만들어 주는 서비스입니다. 티처블 머신에서 다운로
드한 모델 파일을 이 서비스로 업로드해보겠습니다. 모델 파일(model.
json, weights.bin, metadata.json)을 모두 선택한 후에 화면으로 마우
스 포인터를 끌어옵니다. 마우스 버튼을 놓으면 이 파일들이 업로드
됩니다. 이때 카메라를 켤 것인지 물어보면 카메라 사용을 허용해주
세요.

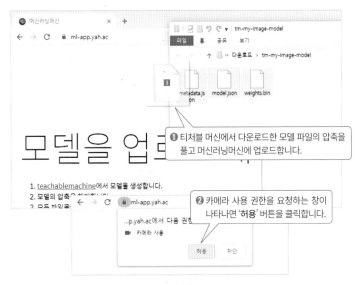

모델을 업로드

모델 파일이 없다면?

모델 파일이 없거나 모델 파일을 만들기 귀찮다면 '4. 샘플 모델을 이용하려면 이곳을 클릭해주세요.'에 있는 '이곳' 링크를 클릭합니다. 링크를 클릭하면 머신러닝머신 사이트에서 여러분 대신 모델 파일을 업로드합니다.

1. teachablemachine에서 모델을 생성합니다.
2. 모델의 압축을 해제합니다.
3. 모든 파일을(model.json, weights.bin, metadata.json) 선택한 후에 드래그 앤 드롭해서 업로드 합니다.
4. 샘플 모델을 이용하려면 이곳을 클릭해주세요.
   샘플모델은 특정한 환경에서 학습한 것이라 정확하게 동작하지는 않을 것입니다.

샘플 모델 이용하기

업로드가 끝나면 '손톱'과 '정상' 블록이 화면에 표시됩니다. 화면에는 우리가 티처블 머신에서 생성한 손톱, 정상 클래스들이 블록 형태로 나란히 배치된 것을 볼 수 있습니다. 우리가 만든 클래스가 3개라면 3

개의 블록이 만들어집니다. 그리고 손톱과 정상 옆의 퍼센트는 각각 손톱일 확률, 정상일 확률을 보여줍니다.

머신러닝머신의 블록 프로그래밍 환경

블록 설명

블록	설명
손톱 : 0 % > 0 %	**손톱 클래스** 왼쪽의 퍼센트는 웹캠에 찍힌 화면이 손톱 클래스에 속할 확률을 나타내며, 오른쪽 빈칸에 넣은 숫자보다 확률이 높으면 홈에 끼운 블록이 실행됩니다.
정상 : 100 % > 0 %	**정상 클래스** 왼쪽의 퍼센트는 웹캠에 찍힌 화면이 정상 클래스에 속할 확률을 나타내며, 오른쪽 빈칸에 넣은 숫자보다 확률이 높으면 홈에 끼운 블록이 실행됩니다.
Hello 라고 말하기	회색 영역에 쓴 텍스트에 해당하는 음성이 재생됩니다.
Hello 라고 쓰기	회색 영역에 쓴 텍스트가 화면에 출력됩니다.
al 주제의 이미지 표시	회색 영역에 쓴 단어를 나타내는 이미지를 화면에 표시합니다.

손톱을 입으로 가져가 보면, 손톱일 확률이 높아지고 정상일 확률이 0에 가까워지는 것을 볼 수 있습니다. 다시 손톱을 입에서 떼면 정상일 확률이 높아집니다. 손톱과 정상의 확률을 더하면 100%가 됩니다.

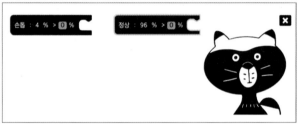

손톱을 깨물었을 때(위)와 그렇지 않을 때(아래)

손톱, 정상 블록이 보이지 않아요

손톱, 정상 블록이 아닌 Class 1, Class 2와 같이 다른 블록이 보인다면 이는 티처블 머신에서 클래스의 이름을 변경하지 않았기 때문이에요. 5장 25~27쪽을 참고해 클래스 이름을 각각 '손톱', '정상'으로 변경해주세요.

이제 해야 할 일은 무엇인가요? 컴퓨터에게 이렇게 시켜야 합니다.

"컴퓨터야! 손톱을 깨물고 있을 확률이 80% 이상일 때 '손톱'이
라고 화면에 표시하고, 소리쳐!"

확률을 80%로 지정한 이유는 손톱을 깨물고 있는 것이 확실할 때 경
고를 하기 위해서입니다. 확실하지 않을 때 경고를 하면 성가시게 느
껴질 수 있기 때문입니다. 먼저 손톱을 깨물고 있는 확률이 80% 이상
일 때 '손톱'이라는 메시지를 화면에 표시해보겠습니다.

01. 다음 그림과 같이 손톱 블록의 회색 영역에 '80'을 입력합니다.

02. 손톱 블록의 오른쪽에 있는 홈 안에 쓰기 블록을 끼워 넣습니다. 이렇
게 하면 손톱을 깨물고 있을 확률이 80% 이상일 때 쓰기 블록이 실행
됩니다.

03. 쓰기 블록 안에 있는 회색 영역을 '**손톱**'으로 변경합니다.

이제 손톱을 깨물고 있을 확률이 80% 이상일 때 화면에 '손톱'이라는 글씨가 표시됩니다.

손톱을 깨물고 있으면 화면에 '손톱'이라는 글씨가 표시됨

'손톱'이라는 목소리도 나오면 좋겠네요. 이어서 손톱을 깨물고 있는 확률이 80% 이상일 때 '손톱'이라는 목소리가 나오게 해보겠습니다.

04. 쓰기 블록 아래에 말하기 블록을 끼워 넣습니다. 이렇게 하면 손톱을 깨물고 있을 확률이 80% 이상일 때 쓰기 블록이 실행되고, 이어서 말하기 블록이 실행됩니다.

05. 말하기 블록 안에 있는 회색 영역을 '**손톱**'으로 변경합니다.

여기까지 따라하고 손톱을 깨물어 보면 화면에 '손톱'이라는 글씨가 표시되고, 컴퓨터가 '손톱'이라는 소리를 내줍니다.

이번에는 손톱을 깨물지 않았을 때 화면에 '잘 했어요~'라고 표시해 보겠습니다. 정상일 때 목소리가 나오면 너무 시끄러우므로 말하기는 넣지 않습니다.

06. 정상 블록의 회색 영역에는 '20'을 입력합니다.

07. 정상 블록의 오른쪽에 있는 홈 안에 쓰기 블록을 끼워 넣습니다. 이렇게 하면 정상일 확률이 20% 이상일 때 쓰기 블록이 실행됩니다.

08. 쓰기 블록 안에 있는 회색 영역을 '잘 했어요~'로 변경합니다.

이제 손톱을 깨물고 있을 확률이 80% 이상일 때는 화면에 '손톱'이라고 표시되면서 '손톱'이라는 소리가 나오고, 정상일 확률이 20% 이상일 때는 화면에 '잘 했어요~'가 표시됩니다.

손톱을 깨물고 있지 않으면 화면에 '잘 했어요~'라는 글씨가 표시됨

실행이 잘 안 된다면?

머신러닝머신 서비스는 구글 크롬 브라우저에 최적화돼 있습니다. 다른 브라우저로 실행하는 데 문제가 있다면 크롬 브라우저에서 실습하기 바랍니다.

크롬 브라우저가 아닌 다른 브라우저에서는 블록이 한 번만 실행된다거나 '손톱', '정상' 상태를 구분하지 못할 수 있습니다.

와우!!!

놀랍죠? 놀라워야 합니다! 놀랍지 않다면 자기 손해입니다.

두 번 놀라워하세요. 계속 놀라워하세요.

우리는 손톱을 깨물었는지를 판단해주는 모델을 응용해서 습관을 교정하는 애플리케이션(앱) 또는 프로그램이라는 것을 만든 것입니다.

이제 여러분도 프로그래머입니다.

03
기획하기

이제부터 여러분은 레모네이드를 판매하는 카페의 사장님입니다. 그런데 심각한 고민에 빠졌어요. 레몬이 얼마나 필요할지 예측이 안 됩니다. 일기예보 온도에 따라 그날 몇 개의 레몬이 필요할지를 더 정확히 예측하는 것이 제 꿈입니다.

애플리케이션(application), 줄여서 앱(app), 프로그램(program). 이런 말 많이 들어보셨죠? 여기까지 온 김에 이런 말들의 의미까지 알아보면 어떨까요? 충분히 배울 만한 가치가 있을 겁니다.

애플리케이션

애플리케이션과 프로그램은 같은 것을 가리키는 다른 표현입니다. 애플리케이션은 한국어로는 '응용'이란 뜻이에요. 어떤 기능을 부품으로 삼아 만든 완제품을 **애플리케이션**이라고 합니다. 부품을 응용한 것이란 뜻이겠죠. 우리가 만든 것은 머신러닝의 모델이라는 부품을 응용해서 만든 소프트웨어입니다. 그런 점에서 머신러닝 애플리케이션이라고 할 수 있습니다.

애플리케이션 : 응용

어떤 기능을 부품으로 삼아 만든 완제품을 애플리케이션이라고 합니다.

여러분이 응용하고 있는 티처블 머신 모델과 같은 부품은 얼마 전까지만 해도 인류에게는 없던 부품이에요. 이런 부품을 쉽고 빠르면서 무료로 사용할 수 있게 된 것입니다. 소프트웨어의 세계는 이런 부품들이 어마어마하게 많습니다. 부품을 잘 활용하면 그 부품의 원리를 몰라도 그 부품의 능력을 이용할 수 있습니다. 이런 시대에 소프트웨어를 공부하지 않는다는 것은 정말 큰 손해가 아닐까요?

프로그램

음악회 같은 곳에서 시간의 순서에 따라 곡이 연주되는 바로 그 순서를 프로그램이라고 합니다. 즉, 프로그램이란 말에는 시간, 순서라는 의미가 포함돼 있습니다. 생각해보면 우리가 하는 모든 일들이 시간의 흐름에 따라서 순서대로 일어납니다.

프로그램

프로그램이란 말에는 시간, 순서라는 의미가 포함돼 있습니다.

지금 만든 앱도 마찬가지입니다. 우선 손톱을 깨물었는지 아닌지를 확인합니다. 손톱을 깨물었다면 '손톱'이라는 글씨를 화면에 표시합니다. 그리고 '손톱'이라는 음성을 스피커로 출력하죠. 즉, 시간의 순서에 따라서 동작하고 있는 것입니다. 그래서 이것을 프로그램이라고 합니다.

여러분이 정말 중요한 일을 해야 한다고 상상해봅시다. 이 작업은 이런 특징이 있습니다. 수백만 개의 작은 작업을 순서대로 해야 돼요. 작업이 누락되면 큰일나요. 순서가 달라지면 안 돼요. 하루에 수십 번씩 매일매일 해야 하는 일입니다. 모든 사람이 하는 일이에요. 각각의 작업들은 언제 끝날지 예측하기가 어렵습니다. 실수하면 큰일나고요. 실수하기 쉽습니다. 이런 일을 사람이 해야 된다면 그곳이 지옥이 아닐까요?

이런 절망감에서 우리를 구원해 줄 도구가 바로 **프로그램**입니다. 기계가 해야 할 일을 기계가 알아들을 수 있는 방식으로 순서대로 적으면 그것이 프로그램인 거예요. 기계는 그것을 보고 해야 할 일을 순서대로 실행하는 것입니다. 이런 프로그램을 만드는 일을 프로그래밍이라고 합니다. 프로그램을 만드는 사람을 프로그래머라고 합니다.

이제 여러분은 인공지능 기능이 있는 앱 또는 프로그램이라고 부르는 것을 만들 수 있는 엔지니어가 된 것입니다. 기분 좋죠? 자기 자신에게 축하해 줍시다.

안타깝게도 우리가 만든 앱은 매우 제한적인 기능만 제공하고 있죠. 여기에 더해서 더 많은 기능을 추가하고 싶을 겁니다. 그런데 소프트웨어를 만드는 여정은 처음에는 쉽지만 뒤로 갈수록 기하급수적으로 어려워집니다. 기능이 많아질수록 거기에 우리의 인생을 바쳐야 합니다. 인생을 바칠지 말지는 천천히 고민하면 돼요. 그러면 여기서 멈춰야 할까요? 그래도 됩니다. 동시에 조금만 더 나아갈 수도 있습니다. 여러분의 상상력을 조금만 빌려주신다면요.

소프트웨어의 기능을 상상하기

그림 왼쪽에 전등, 자동차, 도로교통시스템, 국가 행정 시스템이 있습니다. 이건 실제로 동작하는 기능은 아니지만 상상력을 발휘해서 우리가 진짜로 이런 것들을 제어할 수 있다고 생각해봅시다. 작게는 전등부터 크게는 국가 행정이라는 거대한 시스템까지 프로그램을 통해서 제어할 수 있습니다. 우리가 엄청난 일을 할 수 있게 되는 것이죠. 몇 가지 사례를 살펴볼까요?

사물인터넷

요즘에는 전등이나 자동차 같은 사물에도 컴퓨터가 들어갑니다. 사물에 컴퓨터가 들어가면 여러 가지 기능을 손쉽게 제어할 수 있습니다. 전등불을 켤 수도 있고 자동차의 시동을 끌 수도 있습니다. 그 컴퓨터가 인터넷에 연결되어 있다면 지구 반대편에서도 그 장치를 제어할 수 있습니다. 다시 말해서 원격으로 조종할 수 있는 전등 앱, 자동차 앱을 만들 수 있다는 것입니다. 이것을 인터넷으로 사물을 제어한다는 의미에서 **사물인터넷**, 영어로 **IoT(Internet of Things)**라고 합니다. 마법사가 먼 곳에 있는 촛불에 불을 붙이고 무거운 물체를 움직이는 것이 과거에는 마법이라는 상상에서만 가능했는데 오늘날에는 기술을 통해서 우리 실생활에서 버젓이 일어나고 있습니다. 이런 일을 할 수 있는 엔지니어들을 1세대 마법사라고 불러볼까요?

인터넷으로 사물을 제어한다는 의미에서 사물인터넷이라고 합니다.

머신러닝

여기에 머신러닝이라는 마법을 더하면 어떨까요? 머신러닝을 도입하면 어떤 기능을 실행할 것인가를 장치 스스로 판단할 수 있게 됩니다. 장치에 연결된 여러 가지 센서들을 통해서 데이터를 수집한 후에 그데이터의 의미를 머신러닝의 모델이 판단합니다. 그 판단의 결과에 따라서 여러 가지 결정을 기계 스스로 할 수 있게 되는 것이죠. 불을 켜기도 하고 자동차의 핸들을 움직이기도 하는 것이죠. 이것은 1세대의마법사가 할 수 없는 일이었습니다. 2세대의 마법사들은 사물을 원격으로 조종하는 것뿐만 아니라 사물에 지능을 부여해서 스스로 동작하는 마법을 사용할 수 있게 되었습니다.

잠시 진도를 멈추고 우리 책상 위의 사물을 한번 둘러볼까요? 그다음에는 집에 있는 사물을 살펴보세요. 그리고 창문을 열고 도시에 있는온갖 사물들을 살펴보시고요. 적당한 높이의 산에 올라가서 조용히 세상을 바라보셔도 좋을 것 같습니다. 이 많은 사물에 컴퓨터가 탑재되고 있어요. 또 컴퓨터와 컴퓨터는 인터넷으로 연결되고 있고요.

여러분은 어떤 마법을 부려 보고 싶은가요? 여기서 어떤 도약을 하고 싶은가요? 상상해보세요. 심지어 사람이 일일이 명령하지 않아도 사물들이 스스로도 동작할 수 있다면 어떨까요? 머신러닝은 또 우리를 어떻게 변화시킬까요? 흥분되면서 두려운 일입니다. 이런 복잡한 마음은 앞으로 우리가 살아가야 할 세상에서는 너무나 자연스러운 감수성이 될 것입니다. 이런 환경에 익숙해져야 합니다. 아니, 익숙해질 것입니다.

한편, 사물인터넷은 여러 가지 기술의 집약체입니다. 코딩으로 프로그램을 만들 수 있어야 하고요, 네트워크에 대해서도 잘 알아야 합니다. 전자공학에 대한 지식도 필요하고 기계를 제작할 수도 있어야 합니다. 물론, 우리도 할 수 있습니다. 다만 쉽지는 않아요. 군더더기 없이 딱 데이터만 가지고 할 수 있는 일을 한번 찾아봅시다. 상상력을 조금만 빌려주시면 돼요.

| 사물인터넷 = 코딩 + 네트워크 + 전자공학 + 기계공학

레모네이드 카페

이제부터 여러분은 레모네이드를 판매하는 카페의 사장님입니다. 전국에 체인점이 100개나 됩니다. 그런데 심각한 고민에 빠졌어요. 레몬이 얼마나 필요할지 예측이 안 되는 거예요. 레몬을 너무 조금 준비하니까 레모네이드를 더 많이 못 팔게 되어서 손해고, 그렇다고 너무 많이 준비하니까 레몬을 버려야 되어서 또 손해인 거예요. 사업이 작을 때는 별게 아니었는데 사업이 커지니까 이게 심각한 문제가 되는 겁니다. 어떻게 하면 필요한 레몬의 양을 예측할 수 있을까요?

레몬의 양을 예측해야 하는 문제가 생겼습니다.

어느 날 문득 온도와 판매량 사이에 관계가 있다는 생각이 떠올랐습니다. 그래서 과거의 정보를 모아 봤어요. 다음 표를 한번 살펴봅시다. 온도에 따라서 판매량이 변화되는 것을 알 수 있습니다.

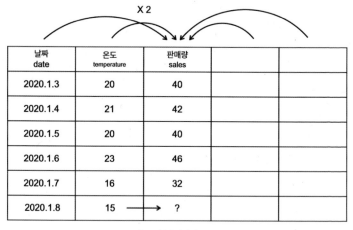

날짜 date	온도 temperature	판매량 sales		
2020.1.3	20	40		
2020.1.4	21	42		
2020.1.5	20	40		
2020.1.6	23	46		
2020.1.7	16	32		
2020.1.8	15	?		

온도와 판매량의 관계

'아하! 내일 온도를 알 수 있다면 몇 개의 레몬이 필요할지를 예측할 수 있겠구나. 그럼 몇 개의 레몬을 미리 구입할지 결정할 수 있겠네.'

눈썰미가 있는 분은 온도에 2를 곱하면 판매량이 된다는 것을 눈치챘을 겁니다.

$$\text{판매량} = \text{온도} \times 2$$

정답입니다. 이것이 온도와 판매량 사이의 관계를 표현하는 공식입니다. 다른 말로는 판매량을 예측할 수 있는 모델이라고 할 수 있습니다. 즉 우리는 수동으로 모델을 만든 것입니다. 하지만 현실의 데이터는 이렇게 단순하지 않아요. 판매량은 요일이나 날짜의 영향을 받을 수도 있고 경쟁자나 유행에도 영향을 받을 수 있습니다. 이런 복잡한 현실을 반영한 데이터로 모델을 만든다는 것은 사실 사람의 힘으로는 어려운 일입니다. 여기에 머신러닝을 도입한다면 머신러닝이 자동으로 공식을 만들어 줄 수 있습니다. 과거에는 과학자, 수학자들도 간신히 하던 일을 이렇게 작은 나의 문제에도 적용할 수 있게 된 것입니다. 정말 놀라운 일입니다.

실습: 머신러닝 기획서 작성하기

자, 실습입니다. 여러분, 메모지를 펼치거나 메모장 앱을 실행하세요. 그리고 천천히 여러분 주변에서 일어나는 미스터리한 일들을 떠올려 보세요. 그중에서 왠지 머신러닝으로 해결할 수 있을 것 같은 문제를 찾아 주세요. 그리고 다음과 같은 형식으로 한번 적어보는 거예요. 저도 하나 적어보겠습니다.

레모네이드 카페

• **환경**
레모네이드 가게를 운영하고 있습니다. 처음에는 손님이 있다는 것만으로도 행복했습니다.

• **불만족**
사업이 커지면서 레모네이드 판매량을 예측하기 어려워졌습니다. 감에 의존해서 레몬을 구입했지만 번번이 틀립니다. 레몬을 적게 사온 날엔 손님을 돌려보내야 했습니다. 레몬을 많이 사온 날엔 레몬을 버려야 했습니다. 수요를 예측하지 못해서 생기는 손실이 눈덩이처럼 커지기 시작했습니다.

• **꿈**
일기예보의 온도에 따라서 그날 몇 개의 레몬이 필요할지를 보다 정확히 예측하고 싶습니다.

레모네이드 카페 기획서

저는 레모네이드 카페 기획서를 적었습니다. 일단 환경에는 제가 레모네이드 카페를 운영하고 있는데 처음에는 손님이 있다는 것만으로도 행복했다고 적었습니다.

그런데 사람 욕심은 끝이 없죠. 곧 불만족이 쏟아져 나옵니다. 사업이 커지면서 레모네이드 판매량을 예측하기가 어려워졌어요. 감에 의존해서 레몬을 구매했지만 번번이 틀리는 거예요. 그래서 손실이 눈덩이처럼 커지기 시작했습니다. 일기예보 온도에 따라 그날 몇 개의 레몬이 필요할지를 더 정확히 예측하는 것이 저의 꿈입니다.

이러한 기획서를 작성할 때 기술적인 한계를 고려하지 마세요. 이 순간 우리는 공학을 배우는 공학도가 아니라 SF나 판타지 소설을 구상하는 작가입니다. 인류 역사는 작가들이 먼저 꿈꾼 것을 기술자들이 나중에 구현한 것들로 가득 차 있습니다. 우리의 꿈은 미래의 기술자들이 알아서 해결할 것입니다. 물론 여러분 스스로가 그 기술자가 될 수 있다면 더욱 좋겠지만요.

무엇을 해야 할지 막막하다고요? 그러면 너무 고민하지 마시고 다른 사람이 적은 것을 구경해봅시다. 다음 주소로 방문해 보면 다른 분들이 제출한 내용을 볼 수 있습니다.

- https://bit.ly/ml-other-plan

또, 여러분이 하고 싶은 것이 떠올랐다면 내가 적은 것을 다른 사람과 공유해봅시다.

- https://bit.ly/ml-my-plan

이것을 적는 과정에서 여러분의 뇌는 자연스럽게 머신러닝과 친해지고 있을 것입니다. 뇌가 머신러닝과 친해질 수 있도록 기회를 주고 기다려줍시다. 다른 사람들의 꿈을 살펴보고 나의 꿈을 표현하다 보면 언젠가 직접 구현하고 싶은 인생의 아이디어가 떠오를 것입니다. 인생의 아이디어를 어떻게 알아볼 수 있냐고요? 가슴이 막 두근거리면 그게 인생의 아이디어인 겁니다. 그 아이디어를 찾는 것까지만 노력하면 그다음부터는 노력하지 않아도, 우리는 노력하게 되어 있습니다.

머신러닝 애플리케이션 기획안 1

나의 꿈을 적어보세요.

환경:

불만족:

꿈꾸는 것:

지금까지 우리는 머신러닝에 대해서 차고 넘치게 경험했습니다. 그리고 우리 앞에는 교양, 직업이라는 두 개의 갈림길이 놓여 있어요. 이 갈림길에서 필요한 것은 현명함이에요.

어떤 길을 선택하는 것이 현명한 것인지는 여러분에게 달려 있습니다. 현명한 선택을 할 수 있도록 생각의 재료를 제공해 드리겠습니다.

머신러닝을 교양으로 배우려는 분은 손을 들어 보세요. 좋습니다. 교양이 목표였다면 진도는 여기서 멈추는 게 경제적이에요. 머신러닝이 무엇인지, 이것으로 무엇을 해결할 수 있는지를 알았다는 것이 중요합니다.

0에 1억을 한번 곱해 보실래요? 0이 되죠.

$$0 \times 100,000,000 = 0$$

아무것도 모르면 아무리 많은 경험을 해도 그 경험이 지식이 되어서 쌓이지 않습니다. 이 수업을 듣기 전에 여러분은 0이었어요. 우리 수업은 더하기 1입니다. 여러분과 이 수업이 만나서 0을 1로 만든 것입니다. 존재하지 않던 것이 존재하는 것이 된 것입니다. 0과 더하기

1의 작은 만남이었지만 혁명적인 순간은 원래 이렇게 작고 소박한 모습으로 은폐되어 있습니다.

$$0 + 1 = 1$$

지금부터 학습은 기하급수적으로 어려워집니다. 교양인에게는 전혀 경제적이지 않은 구간들이 끝없이 펼쳐집니다. 교양으로 충분한 분들은 여기서 수업을 멈추기를 권해드립니다. 공부를 멈추라는 것이 아니에요. 삶의 경험을 통해서도 충분히 많은 것을 공부할 수 있거든요. 왜냐하면 우리는 0을 1로 만들었기 때문입니다.

앞으로 여러분이 하게 될 경험은 곱하기 2입니다.

$$1 \times 2 = 2$$

이 경험들은 여러분의 실력 1을 2로 만들고, 2를 4로 만들고, 4를 8로 만들어 줄 것입니다.

$$2 \times 2 = 4$$
$$4 \times 2 = 8$$

그 과정에서 머신러닝의 다양한 면을 만나게 될 거예요. 또 자신의 인생을 바치고 싶은 분야와 머신러닝이 어떻게 어깨동무를 할 수 있는지에 대해서 많은 것을 생각하고 느끼기 시작할 것입니다. 이것이 바로 교양이 있는 사람과 없는 사람의 차이입니다. 그렇게 교양인으로 살다 보면 언젠가 머신러닝이 아니면 도저히 안 되는 순간을 만나게 될지도 몰라요. 이때 여러분은 선택의 기로에 놓이게 될 것입니다. 교양이 있는 사람에게만 주어지는 선택지로 무엇이 있는지 생각해 볼까요?

- 직업으로 머신러닝을 수련한 동료를 찾으면 됩니다.
- 또는 더욱 강력해져 있을 머신러닝 기계를 이용하면 됩니다.
- 필요한 공부를 찾아서 하면 됩니다.

그때가 되면 이렇게 달라져 있을 거예요.

- 뛰어난 전문가가 지금보다 훨씬 많아져 있을 겁니다.
- 더 쉽고, 또 강력한 머신러닝 기계가 존재할 거예요.
- 또 지금보다도 훨씬 더 쉬운 공부법이 개발되어 있을 겁니다.

이러할 텐데 지금 당장 더 많은 것을 공부할 필요가 있을까요? 교양인 여러분, '나 이거 뭔지 알아'를 외치고 세상으로 돌아갑시다. 세상이 달리 보일 거예요. 더 보면 안 됩니다. 아셨죠? 진도를 제발 여기서 멈춰 주세요. 아마도 오늘 하루가 1년 중에서 가장 쓸모 있는 하루였을 겁니다. 진심으로 축하합니다.

하지만 머신러닝을 직업으로 삼으실 분은 어디 가시면 안 됩니다. 진짜 재미는 지금부터 시작입니다.

04

통계 배우기

온도와 레모네이드 판매량과 같은 개념을 데이터로 표현해야 합니다. 데이터를 이용하면 복잡한 현실에서 발견하기 어려운 통찰을 찾아낼 수 있습니다. 이번 장에서는 인류가 만든 시각화 도구 중에서 가장 위대한 도구인 표를 이용해 데이터를 표로 나타내 보겠습니다.

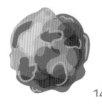

직업의 시작

여러분의 새로운 시작을 축하합니다. 여러 가지 아이디어를 구상해봤는데, 아이디어를 현실화하기 위해서는 데이터가 필요하다는 것이 느껴지시나요? 만약 여러분이 레모네이드 카페를 운영한다고 가정해봅시다. 오늘 몇 개의 레모네이드가 팔릴지 예측하고 싶다면 무엇을 해야 할까요? 온도와 레모네이드 판매량과 같은 개념을 데이터로 표현해야 합니다. 데이터 자체는 현실이 아니죠. 하지만 현실을 데이터로 표현할 수 있다면 컴퓨터의 엄청난 힘으로 데이터를 처리할 수 있게 됩니다. 그 처리 방법의 하나가 머신러닝입니다.

날짜	요일	온도	판매량
2020.1.3	금	20	40
2020.1.4	토	21	42
2020.1.5	일	22	44

머신러닝으로 레모네이드의 판매량을 예측할 수 있습니다.

그래서 머신러닝으로 무엇인가를 하려면 당연히 데이터가 필요합니다. 세상에는 무한히 많은 데이터가 있어요. 작은 세포 하나도 그 세포의 움직임을 관찰하기 위해서는 수많은 데이터가 필요합니다. 그런데 우리가 사는 세계는 우주예요. 세포부터 은하까지 무수히 많은 존재로 가득 차 있습니다. 이 모든 것들은 데이터로 표현될 수 있습니다.

우선 복잡한 현실에서 관심사만 뽑아서 단순한 데이터로 만들어야 합니다. 현실을 데이터화할 수 있다면 복잡한 현실에서 발견하기 어려운 통찰을 단순해진 데이터로부터 찾아낼 수 있을 것입니다. 이를 통해 현실을 변화시키는 일을 하는 것이 데이터 산업입니다. 데이터 산업은 크게 데이터 과학과 데이터 공학으로 분리해볼 수 있습니다. **데이터 과학**은 데이터를 만들고 만들어진 데이터를 이용하는 일이라고 할 수 있어요. 책에 비유한다면 작가가 하는 일이라고 할 수 있습니다.

데이터를 통해 복잡한 현실에서 발견하기 어려운 통찰을 찾아낼 수 있습니다.

데이터 공학은 데이터를 다루는 도구를 만들고 도구를 관리하는 일을 합니다. 책에 비유한다면 종이와 연필을 만들고, 책을 잘 출판하고, 정리·정돈해서 도서관을 운영하는 것과 비슷합니다.

즉, 데이터 과학이 데이터 자체를 다룬다면 데이터 공학은 데이터를 다루는 것을 도와주는 분야라고 할 수 있습니다.

데이터 과학과 데이터 공학은 정신과 육체의 관계와 비슷해요. 구분되는 것처럼 보이지만 한쪽이 없으면 다른 한쪽이 존재할 수 없으므로 사실은 하나라고 할 수 있습니다.

지금 우리는 데이터 과학자, 데이터 공학자가 되기 위한 출발점에 서 있습니다.

기대되시죠? 출발합시다!

외계인이 저에게 "인류가 만든 시각화 도구 중에서 가장 위대한 게 뭐야?"라고 묻는다면 저는 두 개를 대답해도 되냐고 물어볼 것 같아요. 그래도 된다고 하면 이렇게 대답할 겁니다. "**표와 좌표평면.**"

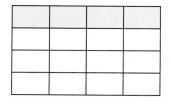 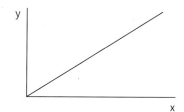

표와 좌표평면은 가장 위대한 시각화 도구입니다.

그런데 외계인이 "됐고, 하나만 얘기해."라면서 윽박지르면 전 이렇게 대답하겠습니다. "표."

회계사들이 만든 표는 행과 열이라는, 생긴 것도 쇠창살처럼 생긴 곳에다가 데이터를 욱여넣는 극도로 억압적인 도구입니다. 하지만 아무리 복잡한 데이터라도 일단 표 안에 속박할 수 있다면 단정하게 정리정돈할 수 있습니다. 그뿐만 아니라 엑셀이나 데이터베이스 같은 도구에 표를 옮겨 담으면 컴퓨터가 가진 엄청난 저장 용량과 처리 속도를 이용해 강력한 표 로봇을 만들 수 있습니다. 여기에 머신러닝을 투입한다면 인간만이 지닐 수 있다고 여겨졌던 통찰력을 기계도 발휘할 수 있게 됩니다. 그렇기 때문에 데이터 산업에 입문하려고 한다면 표를 이해하는 것이 너무너무 중요한 일입니다.

표는 다음 그림처럼 생겼죠. 가로를 **행**, 세로를 **열**이라고 합니다. 영어로는 행을 'row', 열을 'column'이라고 합니다. 굉장히 중요한 내용이에요. 이 용어를 모르면 표를 두고 사람들과 소통할 수 없으므로 헷갈리시면 안 됩니다.

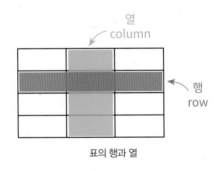

표의 행과 열

표의 기본 구조인 행과 열에 데이터를 한번 넣어 볼까요?

두 가지 방법으로 데이터를 표에 담을 수 있습니다. 이렇게도 할 수 있고 저렇게도 할 수 있어요. 한번 비교해 보세요.

날짜	요일	온도	판매량
2020.1.3	금	20	40
2020.1.4	토	21	42
2020.1.5	일	22	44

날짜	2020.1.3	2020.1.4	2020.1.5
요일	금	토	일
온도	20	21	22
판매량	40	42	44

데이터를 표에 담는 방법

둘 다 가능하겠지만 데이터 산업에서는 오른쪽처럼 하지 않고 왼쪽처럼 하자고 약속했습니다. 그러니 헷갈리지 마세요. 아셨죠?

이제 표에 대해서 조금 더 자세히 살펴볼까요? 표는 데이터의 모음입니다. 그래서 표를 **데이터 세트**라고도 부릅니다. 데이터 세트라고 말하는 사람이 있다면 '아, 이 사람은 표를 얘기하고 있구나'라고 생각하면 됩니다.

각각의 행은 각각의 하루를 나타냅니다. 각각의 열은 각각의 하루가 가진 속성을 나타냅니다. 그래서 데이터 산업에서는 이 행과 열이라는 표현 대신에 조금 더 복잡하고 어려운 표현을 사용합니다.

여러 가지 표현을 살펴볼게요. 행의 경우에는 **개체(instance)**라는 표현을 사용합니다. 하나하나가 개체 하나하나를 의미하기 때문이죠. 말이 어렵죠? 또, 관측한 값이라는 의미에서 **관측치(observed value)**, 기록이라는 의미에서 **레코드(record)**, 사례, 경우라는 뜻에서 **케이스(case)** 같은 표현을 쓰기도 해요.

열의 경우에는 **특성(feature), 속성(attribute), 변수(variable), 필드(field)** 같은 표현을 사용하기도 합니다.

| | 열 column = | 특성(feature) 속성(attribute) 변수(variable) 필드(field) |

날짜	요일	온도	판매량
2020.1.3	금	20	40
2020.1.4	토	21	42
2020.1.5	일	22	44

행 row = 개체(instance) 관측치(observed value) 기록(record) 사례(example) 케이스(case)

행과 열의 여러 가지 표현

외우려고 하지 마세요. 자주 접하다 보면 대신 속해 있는 분야에서 즐겨 사용하는 표현을 자연스럽게 알게 될 겁니다.

표를 자세히 보면 한 건 한 건의 데이터를 행에 적고 그 데이터의 속성을 열로 구분합니다. 이것을 이해하는 것이 데이터 분야에 입문하는 가장 중요한 출발이라고 할 수 있습니다.

이제 여러분은 안 들리던 것이 들리고, 안 보이던 것이 보이기 시작할 것입니다. 귀가 깨끗해지고 눈이 밝아진 것을 축하합니다. 중요한 출발점에 서신 것입니다.

'구슬이 서 말이라도 꿰어야 보배'라는 말이 있죠. 데이터를 표에 가두는 것만으로는 부족해요. 표 안에 구속된 데이터에서 의미 있는 정보를 뽑아낼 수 있어야 합니다. 이에 능한 사람을 '통찰력이 있다'라고 하죠. 단지 많이 아는 사람이 아니라 통찰력 있는 사람이 되기 위해서는 대가가 따릅니다. 그 대가는 **독립변수(independent variable)**와 **종속변수(dependent variable)**라는 말의 의미를 이해하는 것입니다. 이 말은 모델과 함께 우리 수업에서 가장 어려운 말이에요. 어렵지만 이 말의 의미를 이해하는 것은 충분한 경제성이 있습니다.

독립변수와 종속변수의 의미를 이해하는 것은 어렵지만, 필요합니다.

변수

변수는 영어로 'variable'이라고 합니다. '변할 수 있는'이란 뜻이죠.

$$X = 1$$

위와 같이 표시하면 이제부터 X는 1입니다.

$$X = 2$$

이제부터 X는 2가 됩니다. 즉 X의 값은 달라질 수 있죠. 그래서 X를 변수라고 하는 거예요. 이 변수라는 말을 표에서도 사용하곤 하거든요. 누군가 표에 대해 이야기하면서 맥락적으로 딱 들어보니까 변수를 얘기하면, 그것은 열을 의미하는 것입니다. 왜 그런지 한번 살펴볼까요?

일별 온도와 판매량

날짜	요일	온도	판매량
2020.1.3	금	20	40
2020.1.4	토	21	42
2020.1.5	일	22	44

예를 들어 이 표에서 온도의 값은 이렇게 달라지고 있습니다. 20도, 21도, 22도. 이런 이유로 표에서 열을 변수라고 하는 것입니다.

독립변수와 종속변수

그럼 이제 독립변수, 종속변수에 관한 얘기를 해보죠. 독립변수와 종속변수, 말이 정말 어렵죠. 저도 처음엔 그랬어요. 그런데 이렇게 바꿔보면 조금 편안하게 느껴지실 거예요.

독립변수는 원인이 되는 열을 의미합니다. 종속변수는 그 원인으로 인해서 결과가 되는 열을 의미해요.

예를 들어봅시다. 온도가 20도일 때 40잔이 팔렸습니다. 여기서 원인은 온도인 20도이고 결과는 판매량 40잔입니다.

		독립변수 원인	종속변수 결과
날짜	요일	온도	판매량
2020.1.3	금	20	40
2020.1.4	토	21	42
2020.1.5	일	22	44

잘 생각해 보면 원인은 결과와 상관없이 일어나는 사건입니다. 판매량 때문에 온도가 달라질 리가 없잖아요. 결과에 영향을 받지 않는 독립적인 사건입니다. 하지만 결과는 원인에 종속되어서 발생한 사건입니다. 그래서 원인은 독립적이기 때문에 독립변수, 결과는 원인에 종속되어 있으므로 종속변수라고 합니다.

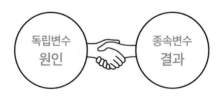

원인은 독립적이기 때문에 독립변수, 결과는 원인에 종속되어 있으므로 종속변수라고 합니다.

축하합니다. 이제부터 여러분은 독립변수와 종속변수를 배운 사람이에요. 축하해요. 여러분.

배운 사람의 동공은 우왕좌왕하지 않습니다. 표를 만났을 때 여러분의 머릿속에는 이 생각이 제일 먼저 떠올라야 합니다.

상관관계와 인과관계

상관관계

한쪽 값이 바뀌었을 때 다른 쪽의 값도 바뀐다면 두 개의 특성은 서로 관련이 있다고 추측할 수 있습니다. 이때 두 개의 특성을 '서로 상관이 있다'라고 합니다. 그리고 이러한 관계를 '상관관계'라고 합니다.

상관 관계

날짜	요일	온도	판매량
2020.1.3	금	20	40
2020.1.4	토	21	42
2020.1.5	일	22	44

위 표에서 온도와 판매량이 함께 변하죠? 그래서 온도와 판매량은 서로 상관관계일 거예요.

인과관계

그런데 잘 살펴보면 온도와 판매량 사이에는 더욱 미묘한 관계가 있는 것을 관찰할 수 있습니다. 일단 온도와 판매량이 같이 커지고 작아지고 있음을 발견했습니다. 또, 온도와 판매량 사이에 다른 영향을 줄 만한 특성이 발견되지 않고 있어요. 또, 판매량이 달라지니까 온도가 달라졌다? 그건 이상하죠. 하지만 온도가 달라지니까 판매량이 달라졌다? 이건 가능한 일이지요.

온도의 2배가 판매량이 되는 일정한 패턴을 발견할 수 있습니다. 이런 사실을 종합하면 온도는 원인이고 판매량은 결과라고 할 수 있는 거죠. 이렇게 각 열이 원인과 결과의 관계일 때 그 두 개의 열은 '인과관계에 있다'라고 합니다.

- 온도와 판매량이 **함께** 커지고 작아지고 있음을 발견했습니다.
- 온도와 판매량 사이에 다른 **영향**을 줄 만한 특성이 발견되지 않습니다.
- 판매량이 달라지니까 온도가 달라졌다. – **이상**합니다.
- 온도가 달라지니까 판매량이 달라졌다. – **가능**합니다.
- 온도의 2배가 판매량이 되는 일정한 **패턴**이 발견됩니다.

상관관계와 인과관계의 차이

상관관계와 인과관계는 비슷한 듯하지만 중요한 차이점이 있습니다.

인과관계는 상관관계에 포함됩니다. 즉, 모든 인과관계는 상관관계입니다. 하지만 모든 상관관계가 인과관계인 것은 아닙니다. 특성들 사이의 관계를 파악하는 것은 매우 어렵고 조심스럽게 접근해야 하는 작업입니다. 적은 수의 데이터를 가지고 상관관계가 있다고 단정하면 안 됩니다. 또, 단지 서로 상관관계를 맺고 있을 뿐인데 그것을 인과관계라고 단정해서도 안 됩니다. 특성들 사이의 관계를 파악하는 일이란 실전에서 매우 엄격한 기준을 가지고 다양한 통계기법을 동원해야 하는 고되고 중요한 작업이라는 점을 기억해주세요.

인과관계는 상관관계에 포함됩니다.

개념 정리

정리해 봅시다.

- 독립변수는 원인이다.
- 종속변수는 결과다.
- 독립변수와 종속변수의 관계를 인과관계라고 한다.
- 인과관계는 상관관계에 포함된다.

레모네이드 카페의 독립변수와 종속변수

우리가 상상력으로 구현한 앱에는 어떤 데이터가 필요할까요? 그 데이터 중에서 어떤 것이 독립변수이고 종속변수일까요?

저는 앞에서 만들었던 기획서에 이런 내용을 추가해 봤습니다.

레모네이드 카페

- **환경**
  레모네이드 가게를 운영하고 있습니다. 처음에는 손님이 있다는 것만으로도 행복했습니다.

- **불만족**
  사업이 커지면서 레모네이드 판매량을 예측하기 어려워졌습니다. 감에 의존해서 레몬을 구입했지만 번번히 틀립니다. 레몬을 적게 사온 날엔 손님을 돌려보내야 했습니다. 레몬을 많이 사온 날엔 레몬을 버려야 했습니다. 수요를 예측하지 못해서 생기는 손실이 눈덩이처럼 커지기 시작했습니다.

- **꿈**
  일기예보의 온도에 따라서 그날 몇 개의 레몬이 필요할지를 보다 정확히 예측하고 싶습니다.

- **독립변수**
  온도

- **종속변수**
  판매량

레모네이드 카페 기획서(독립변수와 종속변수를 추가)

환경, 불만족, 꿈이 9장에 있었던 내용이고, 여기에 독립변수와 종속변수를 추가했습니다. 원인이 되는 온도는 독립변수가 되고, 원인의 결과인 판매량은 종속변수가 되는 것입니다. 이를 통해 우리가 하고 싶은 일은 일기예보 상의 온도를 보고 몇 개가 판매될지 예측하는 것입니다. 와, 이렇게 어려운 표현들을 이제 우리가 이해할 수 있게 된 것입니다. 기분 좋죠?

실습: 기획서 다듬기

9장에서 여러분이 만든 기획서를 좀 더 정교하게 다듬어 봅시다. 독립변수와 종속변수를 반영한 기획서를 작성하고, 아래 주소의 구글 폼에 공유해주세요.

- https://bit.ly/ml-my-plan-2

다른 사람이 제출한 내용이 궁금하다면 아래 주소에서 확인해 보세요.

- http://bit.ly/ml-others-plan-2

머신러닝 애플리케이션 기획안 2

첫 번째 기획안보다 자세히 실행 계획을 적어주세요. 특히 독립변수와 종속변수를 구분하는 데 신경을 써주세요.

환경:

불만족:

꿈꾸는 것:

독립변수:

종속변수:

정리

축하합니다! 여러분은 익숙했던 표를 낯설게 바라보게 되었습니다. 특성, 개체, 관측치, 독립변수, 종속변수, 상관관계, 인과관계와 같이 어렵고 중요한 표현들도 이해할 수 있는 귀와 눈을 갖게 된 거예요. 앞으로 배우게 될 어떤 개념도 여러분의 눈썰미를 이렇게 극적으로 바꿔놓지는 못할 것입니다. 오늘 하루 정말 잘 보내셨네요. 축하합니다.

14 심리전

▶ https://youtu.be/45in_hvFsJg
(3분 37초)

머신러닝의 세계는 방대합니다. 방대한 세계에 입문한다는 것은 고도의 심리전이 필요한 일입니다. 지금부터 공부를 대할 마음의 전략을 점검하고 우리 전장에 나갑시다.

자, 최신 스마트폰을 구매했다고 한번 상상해보세요. 여러분이 이걸 사기 위해서 1년 동안 돈을 모았어요. 그런데 배송이 일주일이 걸리는 바람에 매일 배송추적 사이트를 들락날락했다고 가정해볼게요. 그리고 드디어 손에 넣었습니다. 제품을 개봉할 때 기분이 정말 좋겠죠. 이러한 기분을 머신러닝의 학습에서는 느낄 수 없는 걸까요?

일반적으로 비싼 제품일수록 기능이 많습니다. 이때 '이 많은 기능을 언제 다 쓰나'라며 한숨 쉬는 사람이 있을까요? 없겠죠. 우선 익숙한 기능을 먼저 사용해볼 겁니다. 그리고 틈틈이 새로운 기능들을 써볼 거예요. 어떤 기능은 당장 사용해볼 것이고 어떤 기능은 이름 정도만 눈여겨봐둘 겁니다. 그리고 이름조차 모르는 미지의 기능들을 보면서 '언젠가 다 쓸 때가 있겠지'라며 좋은 기분을 느낄 겁니다. 혹시 이 과정이 고통스러운가요? 안 그럴 거예요.

새로 산 스마트폰과 공부는 둘 다 문제를 해결하기 위한 도구입니다. 그런데 왜 새로 산 스마트폰은 우리를 설레게 하고 공부는 우리를 절망스럽게 하는 것일까요? 같은 대상이라고 할지라도 그것을 도구로 생각하는 사람과 공부 거리로 생각하는 사람은 완전히 다른 마음을 갖게 되는 것 같아요. 새로 산 스마트폰의 기능처럼 머신러닝의 여러 기능을 바라봅시다.

새로 산 스마트폰과 공부는 둘 다 문제를 해결하기 위한 도구입니다.

머신러닝의 세계에는 다양한 개념과 도구들이 존재합니다. '이 많은 것을 언제 다 공부하지?'라는 생각이 든다면 무언가 잘못되고 있는 것입니다.

언젠가 필요할 때 공부하고 지금은 '어떤 분야가 있는지 구경해보자.'라고 생각해주세요. 절망감 대신 설렘으로 공부를 대할 수 있을 것입니다. 지금부터 머신러닝의 여러 기능을 열거할 텐데요, 보다 보면 공부를 그만두고 싶은 생각이 드는 시점이 나타날 겁니다. 이런 감정이 드는 것은 인내심이 부족하기 때문이 아니에요. 이 정도 공부면 충분하다는 뇌의 명령 때문입니다. 우리의 뇌는 어떤 행위의 경제성을 판단하는 고도로 정교한 모델이 내장된 것 같아요. 이 모델이 '지금 하는 행위는 경제성이 없어'라고 결정하면 1차 경고로 지루함을 발송합니다. 시정이 안 되면 2차 경고로 절망감을 발송해요. 이 경고를 계속 무시하면 무시당했던 행위의 그림자만 봐도 그 일을 피하고자 몸부림을 치게 됩니다.

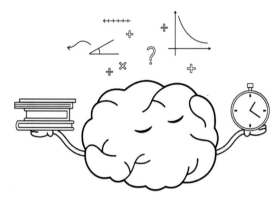

우리의 뇌에는 경제성을 판단하는 정교한 모델이 내장된 것 같아요.

뇌를 이기는 장사는 없어요. 뇌의 말을 경청하세요. 지루함이 감지되면 과감하게 이 수업의 졸업식이라고 할 수 있는 '수업을 마치며' 장으로 순간이동 하시면 됩니다. 미래의 언젠가 이 공부를 다시 할 수 있는 준비가 되었을 때 다시 찾아오시면 됩니다. 수동적으로 포기하는 것이 아니라 능동적으로 유보하는 전략을 취한다면 그만두는 순간이 기쁜 졸업이 될 것입니다. 자, 시작합시다!

05

지도학습

지도학습은 컴퓨터에 정답을 알려주고 학습시켜서 모델을 만드는 방식입니다. 지도학습 중에서 가장 중요하고 인기 있는 회귀와 분류를 살펴봅니다.

머신러닝의 분류

머신러닝은 사실 단일 기술이 아닙니다. 머신러닝이라는 이름 아래에는 서로 다른 목적을 가진 여러 도구가 있어요. 이 도구들을 머릿속에 한번 그려 볼까요?

머신러닝은 지도학습, 비지도학습, 강화학습으로 이루어져 있습니다. 지도학습은 다시 분류와 회귀, 비지도학습은 군집화, 변환, 연관으로 이루어져 있어요. 물론 이것이 다는 아닙니다. 이것보다도 더 많습니다만, 여기에 있는 것들이 가장 중요하고 인기 있는 것들이에요. 한 5분간만 이 그림을 한번 바라볼까요? 이 이미지를 머릿속에 그리고 학습하는 것과 그렇지 않은 것은 큰 차이가 있습니다. 과속하지 마세요~

막막하죠? 막막할 때는 비유가 특효약입니다. 비유를 통해서 머신러닝의 여러 분야와 가벼운 인사를 나눠봅시다. 그 전에 한 가지 분명히 할 것이 있어요. 비유는 비슷한 것일 뿐 진실이 아니라는 겁니다. 이 상태에 계속 머물러 있으면 안 됩니다. 비유를 진실로 대체하려고 노력하지도 말고 비유는 진실이 아니라는 사실을 항상 기억하고 열린 마음을 유지해주세요.

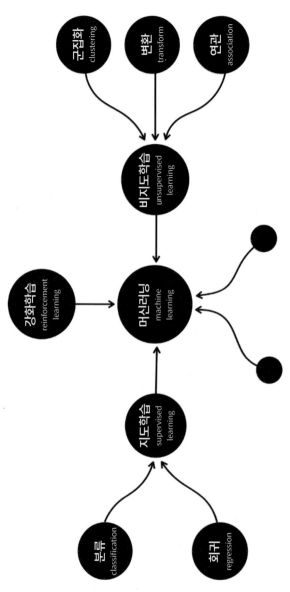

머신러닝의 분류

지도학습

지도학습을 영어로 'supervised learning'이라고 합니다. 여기서 지도는 기계를 가르친다는 의미입니다. 마치 문제집을 푸는 것과 비슷해요. 문제집에는 문제가 있고 정답이 있습니다. 문제와 정답을 비교하고 맞추다 보면 점점 문제를 푸는 것에 익숙해지게 됩니다. 이후에는 비슷한 문제를 만나면 오답에 빠질 확률이 점점 낮아지죠. 문제집으로 학생을 가르치듯이 데이터로 컴퓨터를 학습시켜서 모델을 만드는 방식을 지도학습이라고 합니다. 앞서 살펴본 손톱 감시 앱과 레모네이드 판매량 예측 작업은 바로 이 지도학습을 이용한 것입니다.

지도학습은 컴퓨터에 정답을 알려주고 학습시켜서 모델을 만드는 방식입니다.

비지도학습

비지도학습은 지도학습에 포함되지 않는 방법들입니다. 컴퓨터에 정답을 알려주고 학습시키는 지도학습과 달리, 비지도학습은 정답을 알려주지 않고도 대상에 대한 관찰을 통해 새로운 의미나 관계를 밝혀내는 것이라고 할 수 있습니다. 예리한 관찰력으로 데이터를 꿰뚫어 보는 통찰력을 기계에 부여하는 것이라고 볼 수 있습니다.

무슨 말인지 이해되지 않더라도 걱정하지 마세요. 뒤에서 자세히 살펴봅니다.

비지도학습
unsupervised learning

비지도학습은 컴퓨터에 정답을 알려주지 않고 새로운 의미나 관계를 스스로 밝혀내게 합니다.

강화학습

강화학습은 학습을 통해 능력을 향상한다는 점에서는 지도학습과 비슷합니다. 차이점은 지도학습이 정답을 알려 주는 문제집이 있는 것이라면 강화학습은 어떻게 하는 것이 더 좋은 결과를 낼 수 있는지를 스스로 느끼면서 실력 향상을 위해 노력하는 수련과 비슷합니다. 경험을 통해 더 좋은 답을 찾아가는 거예요. 마치 게임 실력을 키우는 것처럼요. 게임에는 규칙이 있죠. 그리고 그 규칙에 따라서 어떤 행동을 하면 그 결과에 따라 상이나 벌을 받습니다. 더 큰 상을 받기 위한 과정을 끊임없이 반복하다 보면 그 게임의 고수가 됩니다. 이런 과정을 기계에 시켜서 기계 스스로가 고수로 성장하도록 고안된 방법이 강화학습이라고 할 수 있습니다.

강화학습
reinforcement learning

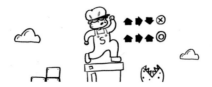

강화학습은 경험을 통해 더 좋은 답을 찾아가는 방식입니다.

정리

정리해 봅시다. 저의 물음에 한번 대답해보세요.[2]

01. 정답이 있는 문제를 해결하는 것은 무엇인가요?

02. 무엇인가에 대한 통찰을 통해 새로운 의미나 관계를 밝혀내는 것은 무엇인가요?

03. 더 좋은 보상을 받기 위해서 수련하는 것은 무엇인가요?

과속하지 마시고 입으로 옹알옹알 해보세요. 이걸 계속하다 보면 '나 이거 뭔지 알아'라는 느낌이 들 거예요. 그때가 진도를 나갈 타이밍입니다. 그럼 이제 각각의 방법에 대해서 좀 더 자세히 살펴봅시다.

---

2 정답: 1 – 지도학습, 2 – 비지도학습, 3 – 강화학습

16 지도학습

 https://youtu.be/hnc1DGz9UCU
(4분 50초)

자, 지금부터 지도학습에 대해서 알아보겠습니다.

지도학습은 역사와 비슷합니다. 역사에는 과거에 있었던 사건이 원인과 결과로 기록되어 있어요. 역사를 알면 어떤 사건이 일어났을 때 그것의 결과로 어떤 일이 일어날지를 예측할 수 있게 됩니다. 마찬가지로 지도학습은 과거의 데이터로부터 학습해서 결과를 예측하는 데 주로 사용됩니다.

레모네이드 카페 예제를 다시 소환해봅시다. 표를 한번 보시죠. 이 표는 과거의 데이터로 이루어져 있습니다. 데이터에는 온도라는 원인과 판매량이라는 결과의 관계가 맺어져 있어요. 인과관계죠. 일기예보를 보니까 1월 8일의 온도가 25도라고 합니다. 우리가 궁금한 것은 1월 8일에는 몇 개가 판매될지를 예측하는 것입니다. 그래야 레몬이 몇 개가 필요할지 알 수 있을 테니까요. 즉, 과거에 대한 학습을 통해서 미지의 데이터를 추측하고 싶은 것이죠.

$$온도 \times 2 = 판매량$$

원인   결과

날짜	요일	온도	판매량
2020.1.3	금	20	40
2020.1.4	토	21	42
2020.1.5	일	22	44
2020.1.6	월	23	46
2020.1.7	화	24	48
2020.1.8	수	25	

과거의 데이터

미지의 데이터

일별 온도와 판매량

이때 머신러닝의 지도학습이 이용될 수 있습니다. 머신러닝의 지도학습을 이용하기 위해서는 우선 충분히 많은 데이터를 수집해야 합니다. 또 데이터는 원인인 독립변수와 결과인 종속변수로 이루어져 있어야 해요. 이것을 지도학습으로 훈련시키면 컴퓨터는 모델을 만듭니다. 아마도 모델은 이렇게 생겼겠죠?

$$판매량 = 온도 \times 2$$

일단 모델이 만들어지면 모델을 사용하면 됩니다. 이 모델의 온도를 입력하면 판매량을 예측할 수 있어요. 만약 내일 온도가 25도라면 몇 개가 판매될까요? 25×2는 50개니까 50개가 판매될 것입니다. 즉, 머신러닝의 지도학습을 이용하면 온도×2라는 모델을 컴퓨터가 알아서 만들어 주는 것입니다.

지도학습의 위력이 아직 실감이 안 나죠? 지도학습은 이것보다 훨씬 더 복잡한 상황에서 진가를 발휘합니다. 상상력을 극단적으로 증폭해봅시다. 공학은 극단적인 상황을 위해서 존재한다는 것을 잊지 마세요.

눈을 감고 제가 묘사하는 상황을 상상해보세요. 이제 우리는 레모네이드 카페 사장이 아닙니다. 2천만 명이 사용하는 온라인 쇼핑몰의 대표이사예요. 심지어 우리 쇼핑몰은 유통기한이 짧은 농산물에 대한 새벽 배송도 하고 있습니다. 이런 상황에서 수요를 예측하는 것은 얼마나 중요하고 얼마나 어려운 일일까요? 이것을 사람이 계산으로 예측한다는 것은 불가능한 일이에요. 바로 이런 문제를 머신러닝의 지도학습이 해결해 줄 수 있습니다. 머신러닝이 없다면 새벽 배송과 같은 것은 불가능했을지도 모릅니다. 지도학습의 위력이 실로 대단하지 않나요?

지도학습을 하기 위해서는 우선 과거의 데이터가 있어야 합니다. 그리고 그 데이터를 독립변수와 종속변수로 분리해야 합니다. 독립변수와 종속변수의 관계를 컴퓨터에 학습시키면 컴퓨터는 그 관계를 설명할 수 있는 공식을 만들어냅니다. 이 공식을 머신러닝에서는 모델이라고 합니다. 좋은 모델이 되려면 데이터가 많을수록, 정확할수록 좋습니다. 그렇게 학습을 시키면 아직 결과를 모르는 원인을 모델에 입력했을 때 모델이 결과를 순식간에 계산해서 알려줍니다.

독립변수	종속변수
온도	판매량
20	40
21	42
22	44
23	46

학습

모델
독립변수×2

독립변수와 종속변수의 관계를 학습시키면 모델을 만들어냅니다.

과거에는 이런 공식을 만들려면 고도의 실험과 수학이 필요했습니다. 그래서 공식이란 소수의 엘리트만의 전유물이었어요. 대중들은 엘리트들이 만든 공식의 소비자로 만족해야 했습니다. 하지만 머신러닝이 등장하면서 과거와는 비교도 할 수 없을 정도로 적은 지식과 노력으로 나의 공식을 만들어서 사용할 수 있게 되었습니다.

머신러닝을 감히 이렇게 정리하고 싶어요. 공식의 대중화. 이런 놀라운 시대에 공부하지 않는다는 것이 얼마나 손해인가요?

기분 좋죠? 박수! 그런데 이왕 여기까지 왔는데 여기서 멈추는 것은 조금 아깝습니다. 조금만 더 멀리 가봅시다. 조금만 더 멀리 가면 전문가와도 대화할 수 있는 수준에 도달할 수 있거든요.

17

https://youtu.be/qT8SxIBx-dE
(2분 7초)

지도학습 – 회귀

지도학습은 크게 회귀와 분류로 나뉩니다. 영어로 회귀는 'regression' 이고 분류는 'classification'이에요.

와, 말이 정말 어렵죠? 걱정 마세요. 알고 보면 하나도 안 어렵습니다. 더 이야기하기 전에 다음 그림을 관찰하면서 익숙해지는 시간을 좀 가져볼까요?

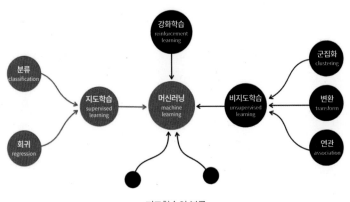

지도학습의 분류

이 중에서 우리가 예측하고 싶은 종속변수가 숫자일 때 보통 '회귀'라 는 머신러닝의 방법을 사용합니다. 레모네이드 예제가 바로 회귀를 이 용한 것이었어요.

그림을 다시 가져와 봤습니다. 우리가 예측하고 싶은 1월 8일의 판매량은 어떤 형태의 데이터인가요?

일별 온도와 판매량

숫자죠. 숫자를 예측하고 싶다면 무엇을 써야 한다고요? 회귀, 영어로는 'regression'입니다.

앞으로 어떤 문제를 만났는데 그 문제에서 예측하고 싶은 결과가 숫자라면 이렇게 하시면 됩니다. 전문가에게는 "지도학습의 회귀로 해결해주세요."라고 요청하면 됩니다. 공부를 직접 하려면 '지도학습 회귀'로 검색하면 됩니다. 또, 직접 자신이 스스로 해결하려면 '지도학습 회귀'라는 이름의 도구를 찾으면 됩니다. 이름을 안다는 것이 이렇게 중요한 일입니다. 회귀라는 이름을 알게 된 것을 축하합니다.

진도를 더 나가기 전에 회귀의 여러 사례를 천천히 구경해봅시다. 이런 사례들이 있고, 천천히 사례를 한번 해석해보세요.

회귀의 사례

독립변수	종속변수	학습시킬 데이터를 만드는 방법
공부시간	시험점수	사람들의 공부시간을 입력받고 점수를 확인한다.
온도	레모네이드 판매량	온도와 그날의 판매량을 기록한다.
역세권, 조망 등	집값	집과 역까지의 거리, 수치화된 조망의 평점 등을 집값과 함께 기록한다.
온실 기체량	기온 변화량	과거에 배출된 온실 기체량과 기온의 변화량을 기록한다.
자동차 속도	충돌 시 사망 확률	충돌 시 속도와 사상자를 기록한다.
나이	키	학생들의 나이에 따른 키를 기록한다.

또, 여러분이 아주 좋은 회귀의 사례를 알고 계시다고요? 그럼 이곳으로 알려 주세요.

- https://bit.ly/ml1-regression-submit

더 많은 사례가 궁금하다면 참고해주세요.

- https://bit.ly/ml1-regression-list

지도학습의 회귀를 알게 된 것을 정말로 축하드립니다.

이번에는 지도학습의 양대산맥인 회귀와 분류 중에서 분류를 알아보겠습니다.

분류

분류는 영어로 'classification'이라고 합니다. 무엇인가를 분류한다는 것이 어떤 작업을 하는 것인지 한번 생각해 볼까요? 어지럽혀져 있는 대상이 있을 때 그것을 성격에 맞는 이름으로 구분해서 그룹화하는 것이 분류 작업이죠? 장난감을 장난감이라고 쓰여 있는 수납 상자에 넣는 것도 분류이고, 바이러스를 검사한 사람이 양성인지 음성인지 구분하는 것도 분류죠. 사실 여러분은 지도학습의 분류가 무엇인지 이미 알고 있습니다.

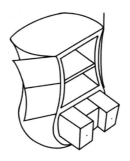

성격에 맞는 이름으로 구분해서 그룹화하는 것이 분류입니다.

이전 예제에서 손톱을 깨무는 이미지들을 손톱이라는 이름으로 분류했던 것 기억나시죠? 그렇게 했더니 새로운 이미지가 나타났을 때 그 것이 손톱인지 정상인지를 분류할 수 있었습니다.

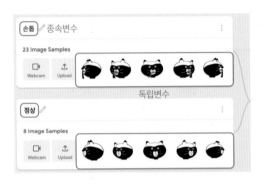

지도학습을 구현한 손톱 앱

이것이 지도학습인 이유가 무엇일까요? 첫 번째 이유는 과거에 만든 데이터를 통해서 배우기 때문입니다.

두 번째 이유는 이 데이터가 독립변수와 종속변수로 이루어져 있다는 점입니다. 이 중에서 사진은 독립변수이고 '손톱'이나 '정상'과 같은 이름은 종속변수입니다. 즉, 독립변수와 종속변수를 통해서 모델을 만든다는 점에서 지도학습입니다. 그런데 결과가 숫자가 아니라 '손톱', '정상'과 같은 이름이네요. 이럴 때는 회귀를 사용하지 않습니다. '분류'라는 방법을 이용해야 합니다.

앞으로 여러분이 어떤 문제를 만났을 때 그 문제에서 추측하고자 하는 결과가 이름 혹은 문자라면 이렇게 하면 됩니다. 전문가에게는 "지도학습의 분류로 해결해주세요."라고 요청하면 됩니다. 또는 공부하려면 '지도학습 분류'로 검색하면 되고, 직접 문제를 해결하려면 '지도학습 분류'라는 이름의 도구를 찾으면 됩니다.

지도학습의 분류로 할 수 있는 일들을 정리해봤는데, 진도를 더 나가기 전에 분류의 여러 사례를 천천히 구경해봅시다.

지도학습의 분류 예

독립변수	종속변수	학습시킬 데이터를 만드는 방법
공부 시간	합격 여부 (합격/불합격)	사람들의 공부시간을 입력받고, 최종 합격 여부를 확인한다.
엑스선 사진과 영상 속 종양의 크기, 두께	악성 종양 여부 (양성/음성)	의학적으로 양성과 음성이 확인된 사진과 영상 데이터를 모은다.
품종, 산도, 당도, 지역, 연도	와인의 등급	소믈리에를 통해 등급이 확인된 와인을 가지고 품종, 산도 등의 독립변수를 정하고 기록한다.
키, 몸무게, 시력, 지병	현역, 공익, 면제	키, 몸무게, 시력, 지병 등을 토대로 현역, 공익, 면제인지를 확인한다.
메일 발신인, 제목, 본문 내용(사용된 단어, 이모티콘 등)	스팸 메일 여부	이제까지 받은 메일을 모으고, 이들을 스팸 메일과 일반 메일로 구분한다.
고기의 지방함량, 지방색, 성숙도, 육색	소고기 등급	소고기의 정보를 토대로 등급을 측정한다.

이외에 분류의 좋은 사례가 있다면 알려주세요.

* https://bit.ly/ml1-class-submit

더 많은 사례가 궁금하다면 참고해주세요.

- https://bit.ly/ml1-class-list

이쯤에서 우리가 얼마나 유식해졌는지 그 변화를 음미해봅시다. 이제 여러분은 다음과 같은 어려운 설명을 이해할 수 있게 되었습니다.

"가지고 있는 데이터에 **독립변수**와 **종속변수**가 있고 **종속변수**가 **숫자**일 때 **회귀**를 이용하면 됩니다."

"내가 가진 데이터에 **독립변수**와 **종속변수**가 있고 **종속변수**가 **이름**일 때 **분류**를 이용하면 됩니다."

와! 이렇게 어려운 대화에 참여할 수 있게 되었다는 것이 너무 기특하지 않나요? 분류와 회귀만으로도 정말 많은 일을 해결할 수 있습니다. 엄청난 변화를 겪으신 겁니다. 축하합시다!

한 걸음 더!
양적 데이터와 범주형 데이터

산업에서는 숫자라는 다소 모호한 표현 대신 '양적'이라는 말을 많이 사용합니다. 즉, 얼마나 큰지, 얼마나 많은지, 어느 정도인지를 의미하는 데이터라는 뜻에서 '양적(量的, Quantitative)'이라고 합니다. 누가 여러분에게 양적 데이터라고 말했다면 숫자라고 알아들으면 됩니다. 또 산업에서는 '이름'이라는 표현 대신 '범주(範疇, Categorical)'라는 말을 씁니다.

대답해보세요. 아래의 데이터들은 양적 데이터인가요? 범주형 데이터인가요?

면적, 온도, 판매량

면적(평)	온도(섭씨)	판매량(개)
1000	10	100
200	28	200
300	31	300

양적 데이터입니다. 종속변수가 양적 데이터라면 회귀를 사용하면 됩니다.

아래의 데이터들은 양적 데이터인가요, 범주형 데이터인가요?

계절, 날씨, 휴가지

계절	날씨	휴가지
봄	비	바다
여름	흐림	산
산	맑음	강

범주형 데이터입니다. 종속변수가 범주형 데이터라면 분류를 사용하면 됩니다.

정리

우리가 알게 된 것을 정리해봅시다.

- 지도학습
- 회귀, 분류
- 양적, 범주형

이런 분별을 갖게 되었다는 것은 정말 혁명적인 사건입니다.

머신러닝의 회귀로 해결할 수 있는 문제에 직면한 3명을 상상해봅시다.

- A: 머신러닝을 모르는 사람
- B: 머신러닝은 알지만 회귀는 모르는 사람
- C: 머신러닝도 알고 회귀도 아는 사람

셋 다 머신러닝 엔지니어가 아니라고 하더라도 A보다는 B가, B보다는 C가 훨씬 유능합니다. 유능해지신 것을 축하합니다!

06

비지도학습

비지도학습은 컴퓨터에 정답을 알려주지 않고 새로운 의미나 관계를 스스로 밝혀내게 하는 방식입니다. 비지도학습 중에서 가장 중요하고 인기 있는 군집화와 연관규칙 학습을 살펴봅니다.

지금부터 비지도학습에 대해서 알아보겠습니다. 비지도학습의 사례로는 군집화와 연관규칙이 있습니다. 어려워 보이지만 사실 알고 보면 별거 아니에요. 이 그림이 익숙해질 때까지 유심히 한번 살펴봅시다. 이번 장에서는 비지도학습 중에서 '군집화'라는 도구를 자세히 알아볼 것입니다.

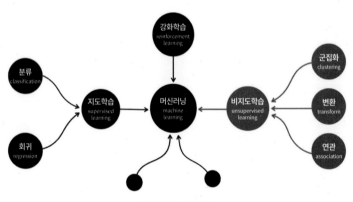

비지도학습의 분류

군집화는 영어로 'clustering'이라고 합니다. 구체적인 이야기를 시작하기 전에 군집화라는 말의 의미를 상기해봅시다. 군집화는 비슷한 것들을 찾아서 그룹을 만드는 것입니다. 이렇게 이야기하면 예리한 분들은 좀 혼란스러움을 느낄 거예요. 왜냐하면 군집화, 분류는 비슷한 것 같기도 하고 다른 것 같기도 하고 혼동되기 때문이죠. 비유를 한번 들어봅시다.

자, 여러분이 이사를 했어요. 엄청나게 많은 물건이 마구 어지럽혀져 있습니다. 그럼 이걸 어떻게 해야 하나요? 비슷한 것들끼리 모아서 적당한 그룹을 만들 것입니다. 이렇게 그룹을 만드는 것이 군집화입니다. 그룹을 만들고 난 후에는 각각의 물건을 적당한 그룹에 위치시키겠죠. 이것이 분류입니다. 정리하자면 어떤 대상들을 구분해서 그룹을 만드는 것이 군집화라면 분류는 어떤 대상이 어떤 그룹에 속하는지를 판단하는 것이라고 할 수 있습니다.

군집화

그룹을 만드는 것이 군집화, 어떤 그룹에 속하는지를 판단하는 것이 분류입니다.

예를 들어봅시다. 여러분은 배달 사업을 하고 있어요. 여러분의 서비스를 이용하는 사용자가 전국적으로 천만 명이 있다고 해봅시다. 이 표에는 천만 명의 위치가 표시되어 있습니다. 이름 옆에는 위치 정보인 위도, 경도가 표시되어 있고요. 표에는 행이 여섯 개밖에 없지만 천만 개의 행이 있다고 상상해주세요.

이름	위도	경도
A	7	1
B	6	2
C	2	3
D	1	3
E	5	5
F	4	5
...	...	...

이런 고민을 하게 되었다고 상상해봅시다. 100군데의 배달 본부를 오픈하려고 하는데 어디에 배치할까? 이것을 하기 위해서는 천만 명이 적절히 분포된 100개의 그룹, 다시 말해서 군집을 만들어야 합니다. 이런 그룹을 한국어로는 '군집', 영어로는 'cluster'라고 합니다. 군집을 만드는 것을 '군집화', 영어로는 'clustering'이라고 합니다.

표의 숫자만 보고 군집화를 하기는 쉽지 않은 일이에요. 이때 우리를 구원해줄 도구가 그 위대한 '좌표평면'입니다. 좌표평면의 내용을 한번 천천히, 그리고 자세히 살펴봅시다.

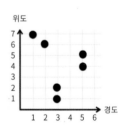

어때요? 그림으로 표현하니까 훨씬 보기가 좋죠? 이제 가까운 것들끼리 묶으면 되겠죠? 이렇게 하면 됩니다.

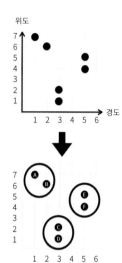

화면에는 3개의 군집이 표시되어 있습니다. 이것을 표에 나타내면 군집이라는 열이 추가된 표를 만들 수 있습니다. 이런 식으로 군집을 찾을 수 있어요.

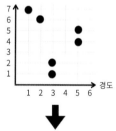

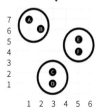

그런데 표의 행이 A, B, C, D, E, F와 같이 여섯 개가 아니라 천만 개라면 어떨까요? 사람이 할 수 있는 일이 아니겠죠. 또, 열이 위도, 경도와 같이 2개의 컬럼이 아니라 만약에 100개라면, 위 예제처럼 X, Y축으로 이루어져 있는 2차원의 좌표평면으로 표현하는 것이 불가능합니다. 심지어 행의 값이 계속해서 추가되고, 수정되고, 삭제된다면 그곳이 지옥일 것입니다. 이런 데이터 지옥 속에서 우리를 구원해 줄 도구가 바로 머신러닝, 그중에서도 비지도학습, 그중에서도 군집화입니다.

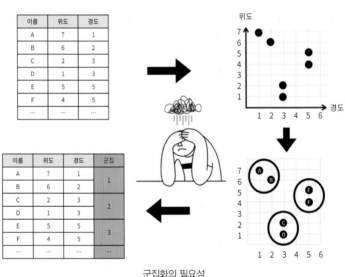

군집화의 필요성

군집화라는 도구에 천만 개의 관측치를 입력하고 100개의 클러스터가 필요하다고 알려주면 각각의 클러스터당 서로 다른 개수의 관측치를 가지고 있는 클러스터 100개를 만들어 줍니다.

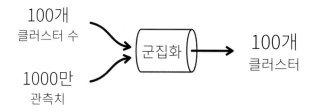

그것들을 표에서 다음과 같이 표시할 수 있겠죠.

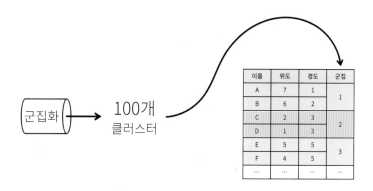

이렇게 서로 비슷한 행을 찾아내는 것이 군집화입니다. 군집화는 아주 다양한 분야에서 사용됩니다.

정리해 봅시다. 비슷한 행을 그룹화하는 것이 뭐죠? 군집화.

이렇게 해서 군집화를 이해하셨습니다. 박수!

20 비지도학습 – 연관규칙 학습

https://youtu.be/k2o3pe_qy4Y
(2분 39초)

지금부터 비지도학습에 속한 도구인 연관에 대해서 살펴보겠습니다.

연관의 전체 이름은 **연관규칙 학습**, 영어로는 'Association rule learning'이라고 합니다. 일명 장바구니 학습이라고 주로 불립니다.

연관규칙 학습은 장바구니 학습이라고도 합니다.

상상해봅시다. 이제 여러분은 온라인 쇼핑몰의 사장님이에요. 더 많은 상품을 판매하기 위해서 고민 중이고요. '고객의 장바구니에 담긴 상품을 바탕으로 관심을 가질 만한 상품을 추천하면 더 많은 상품을 판매할 수 있겠네?'라는 생각을 하게 되었습니다. 어떻게 하면 좋을까요?

이럴 때는 표를 봐야 합니다. 이 표는 지금까지의 판매 내역을 보여줍니다. 하나 이상 구매했다면 O, 구매하지 않았다면 X입니다. 잠시 한번 살펴보세요.

온라인 쇼핑몰의 판매내역

주문번호	라면	계란	식빵	우유	햄
1	O	O	X	X	O
2	O	O	X	X	X
3	O	O	X	X	X
4	X	X	O	O	X

유심히 보면 라면을 구매한 사람은 계란도 구매할 확률이 높습니다. 즉, 라면과 계란은 서로 연관성이 높다는 것을 알 수 있습니다.

연관
association

주문번호	라면	계란	식빵	우유	햄
1	O	O	X	X	O
2	O	O	X	X	X
3	O	O	X	X	X
4	X	X	O	O	X

연관성을 파악할 수 있다면 고객이 미처 구매하지 못했지만 구매할 가능성이 매우 큰 상품을 추천해줄 수 있겠죠. 이 정도 양의 데이터라면 라면과 계란의 상관관계를 사람이 직접 찾을 수도 있습니다. 그런데 판매하는 제품의 종류가 10,000개고, 하루에 천만 명이 쇼핑몰을 이용한다고 상상해보세요. 제품 간의 연관성을 사람이 찾아내는 것은 정

말 어려운 일이겠죠. 이것을 기계가 대신해줄 수 있다면 얼마나 좋을까요?

이때 우리를 구원해줄 수 있는 도구가 바로 머신러닝, 그중에서도 비지도학습, 그중에서도 연관규칙 학습입니다.

쇼핑 추천, 영화 추천, 검색어 추천, 동영상 추천. 이름 뒤에 '추천'이 붙은 것들은 과거에는 거의 다 연관규칙 학습을 통해 구현했습니다. 물론 최근에는 다양한 방법을 이용해서 성능을 높이고 있습니다만 잘 생각해 보면 연관규칙은 서로 관련이 있는 특성, 다시 말해서 열을 찾아 주는 머신러닝의 기법이라는 것을 알 수 있습니다.

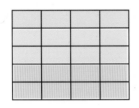

군집화
clustering

연관규칙
association rule

기억합시다. 관측치를 그룹화하는 것은 군집화, 특성을 그룹화하는 것은 연관규칙입니다. 연관규칙이 무엇인지 아시겠나요? 축하합니다!

지금까지 비지도학습에 해당하는 방법론을 살펴봤습니다. 지금까지 배운 것들을 머릿속에 한번 정리정돈해볼까요? 비지도학습과 지도학습의 차이점을 통해 서로에 대해서 더 잘 알아봅시다.

비지도학습은 탐험적이에요. 탐험이 미지의 세계를 파악하는 것이듯이 데이터들의 성격을 파악하는 것이 목적입니다. 독립변수와 종속변수의 구분은 중요하지 않습니다. 그냥 데이터만 있으면 됩니다.

지도학습은 역사적입니다. 과거의 원인과 결과를 바탕으로 결과를 모르는 원인이 발생했을 때 그것이 어떠한 결과를 초래할 것인가를 추측하는 것이 목적입니다. 그래서 원인인 독립변수와 결과인 종속변수가 꼭 필요합니다.

비지도학습	탐험	변수 | 변수 | 변수
지도학습	역사	독립변수 | 종속변수

다시 한번 강조하지만, 비지도학습의 목적은 데이터의 성격을 파악하는 것입니다. 조금 엉뚱한 비유를 한번 들어볼까요? 나는 누구인가를 파악하는 좋은 방법이 있어요. 바로 내가 어떤 말을 자주 쓰는지 조사

해보는 겁니다. 긍정적인 단어를 많이 사용했다면 나는 긍정적인 사람일 가능성이 큽니다.

집안의 살림들을 정리정돈해보는 것도 나를 이해하는 좋은 방법이에요. 정리를 해보니까 컴퓨터와 관련된 장비가 많이 나왔다면 나는 컴퓨터를 많이 사용하는 사람이라는 것을 짐작할 수 있죠. 또 물건을 잘 못 버리는 사람이라는 것도 짐작할 수 있습니다. 이렇듯 정리정돈을 해보면 그 대상의 성질을 파악할 수 있습니다.

비지도학습을 한마디로 정의하는 것은 어려운 일입니다만 군집화와 연관규칙만을 놓고 봤을 때 데이터의 성격을 파악하는 작업은 결국 비슷한 것은 모으고 다른 것은 떨어뜨리는 것입니다. 즉, 그룹화하는 것입니다.

비지도학습의 핵심은 그룹화입니다.

비지도학습은 데이터를 정리정돈해서 표에 담긴 데이터의 성격을 파악하는 것이 중요한 목적이라고 할 수 있습니다.

변환은 뭐냐고요? 다 알아 버리면 아쉽잖아요. 탐욕스러운 수업이 되지 않기 위해서 여러분을 위한 까치밥으로 남겨 드렸습니다.

축하합니다! 비지도학습까지 아는 사람이 되셨네요. 정말 멀리 오셨습니다. 조금만 더 가면 정상입니다.

07

마무리

여기까지입니다. 벌써 머신러닝 엔지니어가 된 것 같나요? 된 것 같은 것이 아니라 된 것입니다.

강화학습

자, 머신러닝의 카테고리 중에서 마지막으로 남아있는 강화학습 보이시죠? 이제 정말 다 왔습니다.

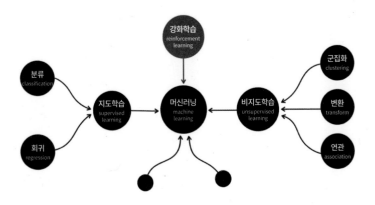

강화학습은 영어로 'reinforcement learning'이라고 합니다. 'reinforcement'는 강화, 증강이란 뜻이에요. 강화학습의 핵심은 일단 해보는 거예요. 비유하자면 지도학습이 배움을 통해 실력을 키우는 것이라면 강화학습은 일단 해보면서 경험을 통해 실력을 키워나가는 것입니다. 그 행동의 결과가 자신에게 유리한 것이었다면 상을 받고, 불리한 것이었다면 벌을 받는 것입니다. 이 과정을 매우 많이 반복하면 더 많은 보상을 받을 수 있는 더 좋은 답을 찾아낼 수 있다는 것이 강화학습의 기본적인 아이디어입니다.

상 벌

더 많은 보상을 받을 수 있는 더 좋은 답을 찾는 과정을 반복합니다.

비유를 통해 강화학습에 대해서 생각해 볼까요? 게임의 실력을 키워가는 것도 강화학습과 비슷해요. 자, 여기서는 두 개의 주체를 생각해봐야 합니다. 우선 게임이 있어야겠죠. 게임은 게이머에게 보여줄 화면이 필요합니다. 또 하나의 주인공은 게이머입니다. 게이머는 우선현재의 상태를 관찰해야 합니다. 관찰의 결과에 따라 게임을 조작하는행동을 해야 하고요. 관찰과 행동을 하기 위해서는 판단력이 필요합니다. 이런 상태에서 게임의 실력을 키워가는 과정을 따져봅시다.

우선 게임은 게이머에게 현재의 상태를 보여줍니다. 캐릭터는 어디에 있고, 장애물은 어디에 있는지 알려줘요. 동시에 현재 점수도 알려줍니다. 게이머는 이 값이 커지는 것이 상이고 장애물에 부딪히는 것이 벌이겠죠. 관찰의 결과에 따라 어떤 상태에서 어떻게 행동해야 더 많은 상을 받고 더 적은 벌을 받을 수 있는지를 알게 됩니다. 즉, 판단력이 강화된 것입니다. 판단에 따라 행동을 하게 되고 그 행동은 게임에 변화를 주게 됩니다. 이런 과정을 반복하면 판단력이 점점 강화됩니다. 이것이 현실에서 게임의 실력자가 되는 과정이에요. 생각해 보면 배우지 않고도 결국에 잘하게 되는 많은 일이 이런 과정을 통해 이루어집니다.

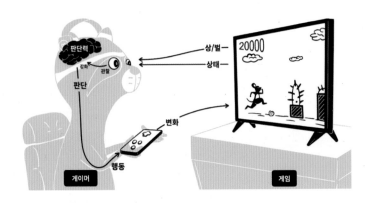

강화학습은 이러한 과정을 모방해서 기계를 학습시키는 것입니다. 이 과정을 강화학습에서 사용하는 용어로만 바꾸면 여러분은 강화학습이 무엇인지 아는 사람이 되는 겁니다.

강화학습에서 게임은 **환경(environment)**이라 하고, 게이머는 **에이전트(agent)**라고 합니다. 상태는 동일하게 **상태(state)**, 상벌은 **보상**

(reward)이라고 합니다. 판단은 **정책(policy)**이라고 부릅니다. 굉장히 중요한 표현이죠. 행동은 강화학습에서도 **행동(action)**이라고 부릅니다. 즉, 강화학습은 **상태**에 따라 더 많은 **보상**을 받을 수 있는 **행동**을 **에이전트**가 할 수 있도록 하는 **정책**을 만드는 것이 목적입니다.

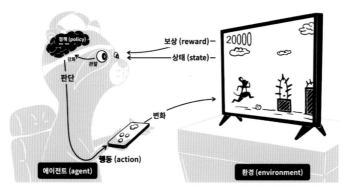

강화학습

강화학습을 통해서 할 수 있는 일들을 한번 감상해봅시다. 강화학습은 재미있는 사례들이 정말 많아요. 그냥 지나치지 마시고 들어가서 사례들을 꼭 한번 살펴보세요.

- https://youtu.be/VMp6pq6_Qjl
  강화학습을 이용해 자동차의 주차능력을 향상시키는 예제입니다.

- https://youtu.be/kopoLzvh5jY
  시뮬레이션 환경을 이용한 숨바꼭질 강화학습 영상입니다.

- https://youtu.be/QilHGSYbjDQ
  팩맨의 게임 능력을 향상시키는 예제입니다.

- https://youtu.be/ZhsEKTo7V04
  강화학습을 통해 로봇팔이 문 여는 방법을 터득하는 영상입니다.

- https://youtu.be/Aut32pR5PQA
  2D 시뮬레이터 상에서 강화학습을 이용해 자율주행 기능을 구현하는 영상입니다.

- https://youtu.be/WSW−5m8IRMs?t=357
  인공신경망과 강화학습을 이용해 플래피 버드 게임을 하는 인공지능을 만드는 영상입니다.

이외에 강화학습의 좋은 사례가 있다면 알려주세요.

- https://bit.ly/ml1−reinforcement−submit

더 많은 사례가 궁금하다면 참고해주세요.

- https://bit.ly/ml1−reinforcement−list

23

머신러닝 지도

지금까지 머신러닝이라는 도구를 구성하는 여러 기능을 살펴봤습니다. 엄청난 가능성이 느껴지시죠? 유식한 사람이 된 겁니다. 축하합니다.

그런데 막상 머신러닝을 적용하려고 하면 막막한 느낌이 드실 거예요. 그것은 배움이 부족해서가 아니라 너무 많은 배움으로 머릿속이 복잡하기 때문일 수도 있습니다. 여러분의 막막함을 덜어드리기 위해 판단의 지도를 준비했습니다. 이 지도를 따라가다 보면 그 끝에 자신에게 필요한 머신러닝의 기능이 놓여 있을 것입니다.

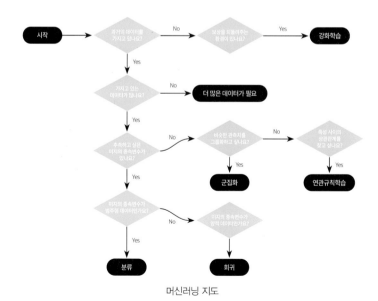

머신러닝 지도

예를 들어볼까요? 우리는 레모네이드 카페를 운영하고 있습니다. 지금까지 온도에 따른 판매량의 데이터를 꼼꼼히 기록해두었습니다. 일기예보가 알려주는 온도를 보고 판매량을 예측하고 싶은 상황입니다. 이 지도를 이용해서 뭐가 필요한지를 찾아볼까요? 다음과 같이 순서대로 따라가 봅시다.

- 과거의 데이터를 가지고 있나요? Yes.

- 가지고 있는 데이터가 많나요? 데이터가 충분히 많지 않으면 제대로 된 예측을 할 수 없거든요. 우리는 데이터가 충분히 많다고 간주합시다. Yes.

- 추측하고 싶은 미지의 종속변수가 있나요? 우리는 독립변수를 보고 종속변수를 예측하고 싶은 것입니다. 그러므로 Yes입니다.

- 미지의 종속변수가 범주형 데이터인가요? No. 판매량은 숫자이기 때문에 범주형이 아니죠.

- 미지의 종속변수가 양적인 데이터인가요? Yes.

이런 과정을 거쳐 우리는 '**회귀**'가 필요하다는 것을 알게 되었습니다.

이런 식으로 이용하시면 됩니다. 다른 선택지도 살펴볼까요? 미지의 종속변수가 범주형 데이터라면 분류를 사용하면 됩니다. 가지고 있는 데이터가 많지 않다면 더 많은 데이터가 필요합니다. 추측하고 싶은 미지의 종속변수가 없고 비슷한 관측치, 즉, 행을 그룹화하고 싶다면 군집화를 사용하고, 특성 사이의 상관관계를 찾고 싶다면 연관규칙 학습을 사용하면 됩니다. 과거의 데이터를 가지고 있지 않고 보상을 되돌려주는 환경이 있다면 강화학습을 사용하면 됩니다.

물론 이 지도는 만능이 아니에요. 현실에서 사용되는 머신러닝은 매우 복잡하거든요. 세부적으로는 이것보다 훨씬 복잡하지만 그런 손실을 감수하고 만든 지도입니다. 더 정확한 의미와 표현들, 더 많은 방법은 여러분 각자의 몫으로 남겨두겠습니다.

한편, 우리에게는 소위 직관이라는 능력이 있습니다. 직관은 의식적으로 판단하지 않아도 순식간에 필요한 것을 알아내는 능력입니다. 그런데 이런 능력도 실제로는 훈련을 통해서 만들어지는 것 같아요. 어떤 사안에 대해서 의식적인 판단을 자주 하다 보면 무의식에서는 어떤 지도가 그려집니다. 우리가 보고 있는 지도 같죠. 그 지도가 완성되면 의식적으로 생각하지 않아도 무의식의 영역에서 엄청난 속도로 연산이 일어나는 것이 아닐까요? 이런 연산이 빠르고 정확한 사람이 그 분야의 중급자겠죠. 이 지도는 중급자가 되는 여정의 좋은 길잡이가 되어줄 것입니다.

머신러닝의 지도까지 손에 넣으셨네요. 정말 축하합니다. 여기까지 온 자기 자신에게 박수를 쳐줍시다. 자기 자신에게 기특하다고 칭찬해주세요.

여기까지입니다. 벌써 머신러닝 엔지니어가 된 것 같나요? 된 것 같은 것이 아니라 된 것입니다.

어떤 분야에 어떤 부품이 있고, 그 부품이 언제 필요한지 안다면 그 사람은 그 분야의 생산자입니다.

집에 대해서 한번 생각해 볼까요? 컴퓨터, TV, 냉장고, 가구, 전기, 인터넷, 가스, … 이런 것들은 집을 이루고 있는 부품들입니다. 집이란 이런 것들을 조립해서 만든 완제품이에요. 이 완제품을 만든 것은 누구인가요? 건축가도 아니고 TV 제조사도 아니고 바로 집의 주인인 자기 자신입니다.

TV가 어떻게 동작하는지 몰라도 우리는 TV라는 부품을 소비해서 내 집을 더욱 재미있는 공간으로 생산한 것입니다. 가구를 직접 만들지 않았지만 우리는 가구라는 부품을 소비해서 내 집을 정돈된 공간으로 생산한 것입니다. 그런 점에서 내 집에 대한 최종적인 생산자는 나 자신입니다.

옷을 구매하는 소비는 더 추위에 강하고 더 매력적인 나를 만들기 위한 생산이고, 자동차를 구매하는 소비는 더 멀리 더 빠르게 이동할 수 있는 나를 만들기 위한 생산입니다.

이 수업의 목적은 소비자로만 살아왔던 분들이 생산자가 될 수 있게 유도하는 것입니다. 생산자가 되기 위해서 제일 먼저 필요한 것은 지금까지 소비라고 생각해왔던 행동들이 사실은 생산 활동이었다는 것을 자각하는 것입니다. 생산과 소비는 편의상 구분해놓은 개념의 신기루일 뿐이라는 사실을 인식해주세요. 생산을 어렵고 아무나 할 수 없는 것이라고 지레짐작하지 말아 주세요. 우리가 그렇게 좋아하는 소비처럼 생산도 설레는 것이라는 점을 곧 알게 될 것입니다.

이제 여러분은 머신러닝이라는 부품을 결합해서 더욱 쓸모 있는 완제품을 만들 수 있는 생산자가 될 만반의 준비가 끝났습니다. 다시 말해서 머신러닝 엔지니어가 된 것입니다. 숙련된 머신러닝 엔지니어와 여러분은 현실적으로는 아직 큰 차이가 있지만 철학적으로는 아무런 차이가 없다고 감히 말씀드립니다. 철학적인 의미로서 머신러닝 엔지니어가 되신 것을 축하드립니다. 현실적인 의미로서 머신러닝 엔지니어가 언젠가 되시길 응원합니다. 더 많은 것이 필요할 때 손 닿는 곳에 필요한 지식이 여러분이 공부하기 좋은 모양으로 놓여 있을 수 있도록 노력하겠습니다. 다시 한번 축하합니다. 여러분의 탐험을 응원합니다.

기여자

사업 진행

비영리단체 opentutorials.org & 생활코딩

콘텐츠 제작

- 이고잉 – 프로젝트 관리, 콘텐츠 제작
- 이숙번 – 기술 지원, 콘텐츠 제작
- 이상호 – 베타테스터 지원
- 강두루 – 행정적인 업무 지원
- 김시준 – 알파 테스트 참여
- 김호순 – 전자책화 작업
- 배경음악 – 이재준

삽화 작업 참여 예술가

aDeuK   Anbu   compiler   Daeul Lee   Daseul Lee   dslee   Erim
Hanol Rim   Herosoojin   hsw   jackie joohyeon lee   jesle lee
kanari jones   Kayop   kim minjun   kim,minjun   lee hyereen
misos   simba   Songyi Han   Sungmi park   TTOBAB   wjd
yesle lee   김앤트   김퍼핀   까나리   박가은   배선   비누   서민지   앙영
울보제자   이나은   정진호   퀸이드   토낑이   황승재

기여자

베타테스터

Bigtunaa Effy Kim Eomji Park Grey Lee haemil heroseo
heroseo Jang Hyun jongminOh Joy Seo K.Na(StudioN)
KimJay Kum, Dongyeun Marco Mo Kweon noName
ohjinjin Penny Lee 간지용훈 강다훈 곽승표 구경민 구스
김관희 김나경 김도은 (Danny Toeun Kim) 김동언 김승현 김영아
김정훈 김정훈 김지욱 김지유 김태완 김한동 김현규 김환순
날라리엔지니어 남도희 로테이션 류덕상 미셸(오윤선) 박재민
송수림 시녕이 안재하 양아름 오다슬 우인준 유선경 유준영
윤이삭 은수킴 이나현 이다영 이도연 이명근 이석곤 이석운
이슬이 이승훈 이시형 이은재 이정모 이한솔 이형로 이형주
인하대17 오윤석 임동주 임성민 임우희 전윤형 정동인 정윤성
제나 조우빈 조준영 최문경 최영철 최우혁 최형택 코난쌤TV
피도연 하도빈 하도빈 하리보다 하현숙 한노아 한동엽 홍성언
홍어 홍윤기 황인우

감사합니다

구글 티처블 머신은 복잡한 원리와 코딩 없이 모델을 만드는 과정을 체험해볼 수 있는 도구입니다.

- https://teachablemachine.withgoogle.com/

구글 블록리(Blockly)는 드래그 앤드 드롭으로 블록을 조합해서 애플리케이션을 만들 수 있도록 도와주는 도구입니다. 머신러닝머신은 이 도구를 이용해서 만들어졌습니다.

- https://developers.google.com/blockly

구글 텐서플로(TensorFlow)는 구글에서 만든 머신러닝 플랫폼입니다. 이 도구를 이용해서 머신러닝으로 여러 문제를 해결할 수 있습니다. 티처블 머신과 머신러닝머신은 텐서플로를 응용해서 만들어졌습니다.

- https://www.tensorflow.org/

머신러닝머신은 jQuery, Async, Redux 등 여러 오픈소스를 이용해서 만들어졌습니다.

- https://ml-app.yah.ac/

조코딩 님은 코딩을 쉽게 접할 수 있는 좋은 콘텐츠를 제공하고 계신 유튜브 크리에이터입니다. 본 수업은 조코딩 님이 소개해주신 영상에서 많은 영감을 얻었습니다.

- https://www.youtube.com/c/조코딩JoCoding

찾아보기

누구나 쉽게 시작하는 인공지능 첫걸음

━ 헬로! 인공지능 ━

생활 코딩
머신러닝

지은이 이고잉, 이숙번, 오픈튜토리얼스

펴낸이 박찬규   기획 · 구성 위키북스 편집팀   디자인 북누리   표지디자인 Arowa & Arowana + 까나리

펴낸곳 위키북스   전화 031-955-3658, 3659   팩스 031-955-3660

주소 경기도 파주시 문발로 115, 311호(파주출판도시, 세종출판벤처타운)

가격 13,000   페이지 148   책규격 135 x 203mm

초판 발행 2021년 07월 16일
ISBN 979-11-5839-266-6 (93000)

등록번호 제406-2006-000036호   등록일자 2006년 05월 19일
홈페이지 wikibook.co.kr   전자우편 wikibook@wikibook.co.kr

이 책은 오픈튜토리얼스의 《머신러닝1》 수업을 토대로 제작된 저작물입니다.
원저작물을 토대로 도서 형식에 맞춰 내용과 구성을 수정했습니다.

저자자 이고잉, 이숙번, 오픈튜토리얼스
제목 머신러닝1
출처 https://opentutorials.org/course/4548
라이선스 퍼블릭 도메인(Public Domain)

이 책의 내용에 대한 추가 지원과 문의는 위키북스 출판사 홈페이지 wikibook.co.kr이나
이메일 wikibook@wikibook.co.kr을 이용해 주세요.